더욱 새로워진 단계별 종합 일본어 학습 프로그램

일본어

上

더욱 새로워진 단계별 종합 일본어 학습 프로그램
NEW 우키우키 일본어 上

지은이 강경자
감수자 온즈카 치요(恩塚千代)
펴낸이 임상진
펴낸곳 (주)넥서스

초판　1쇄 발행 2006년 7월 15일
초판 39쇄 발행 2015년 9월 15일

2판　1쇄 발행 2016년 3월 25일
2판 30쇄 발행 2025년 3월　5일

3판　1쇄 발행 2025년 3월 25일
3판　3쇄 발행 2025년 9월 20일

출판신고 1992년 4월 3일 제311-2002-2호
주소 10880 경기도 파주시 지목로 5
전화 (02)330-5500　팩스 (02)330-5555

ISBN　979-11-94643-00-5　14730
(SET) 979-11-94643-20-3　14730

출판사의 허락 없이 내용의 일부를
인용하거나 발췌하는 것을 금합니다.
저자와의 협의에 따라서 인지는 붙이지 않습니다.

가격은 뒤표지에 있습니다.
잘못 만들어진 책은 구입처에서 바꾸어 드립니다.

www.nexusbook.com

더욱 새로워진 단계별 종합 일본어 학습 프로그램

NEW うきうき
우 키 우 키

일본어 上

강경자 지음 · 온즈카 치요 감수

넥서스 JAPANESE

첫머리에

어떻게 하면 쉽고 재미있게 일본어를 배울 수 있을까? 어떻게 하면 어디서든 인정받을 만한 완벽한 일본어 실력을 갖출 수 있을까? 현재 일본어를 배우고 있는 학습자나 앞으로 배우고자 하는 사람들에겐 영원한 숙제와도 같은 질문일 것입니다.

필자는 온·오프라인을 통해 오랫동안 일본어를 가르쳐 오면서 역시 이와 비슷한 의문을 가지고 있었습니다. 어떻게 하면 쉽고 재미있게 일본어를 가르쳐줄 수 있을까? 문법을 기초부터 탄탄하게 다져주면서 네이티브 같은 회화 감각을 길러주고, 게다가 어떤 표현도 자신있게 말할 수 있는 풍부한 어휘와 한자 실력까지 갖추도록 도와주고 싶은 마음이 간절하였습니다.

요즘은 예전에 비해서 좋은 교재들이 많이 출간되었고 여러 학원이나 학교에서 검증된 교재를 채택하여 사용하고 있지만, 막상 일본어를 학습하거나 가르치기 위해 좋은 책을 추천해 달라는 부탁을 받으면 고민하게 되는 것이 사실입니다. 왜냐하면 나름대로의 장점을 가지고 있는 일본어 교재는 많이 있지만, 완벽하게 일본어 학습상의 필요를 충족시켜 주는 체계적인 교재는 별로 없기 때문입니다.

일본어는 한국어와 여러 면에서 비슷한 언어 특성상 다른 언어에 비해 보다 쉽게 배울 수 있음에도, 효과적으로 일본어를 배우거나 가르칠 수 있는 교재는 많지 않았습니다. 예를 들어 회화는 연습이 중요한데, 간단한 문형 연습이 있는 교재는 많아도 기초 문법을 활용하여 실제 회화 연습을 할 수 있는 교재는 거의 없었습니다. 또한 일본어 학습자들이 가장 어려워하는 한자의 경우, 한자를 차근차근 익힐 수 있도록 한 교재는 참 드물었습니다. 더구나 요즘에는 쉽고 편한 길을 좋아하는 사람들의 심리를 이용하여 몇 마디 표현만 그때그때 익히도록 하는 흥미 위주의 교재도 눈에 많이 띄었습니다.

이러한 현실 속에서 조금이나마 일본어 학습과 교육에 도움이 되고자 하는 바람에서 이 책을 쓰게 되었습니다. 교재가 완성되어 가는 과정을 보면서 역시 부족한 점이 눈에 띄고 아쉬움이 많이 남지만, 기초 문법을 탄탄히 다지면서 실전 회화 감각을 익힐 수 있는 학습자들을 배려한 최고의 교재임을 자부합니다.

아무쪼록 이 교재가 일본어를 가르치거나 배우는 모든 분들에게 참으로 유익한 책이 되길 간절히 바라며, 끝으로 이 책이 출판되기까지 애써 주신 넥서스저패니즈의 여러 관계자 분들께 감사드립니다.

강경자

# 추천의 글

본 『우키우키 일본어』 시리즈는 주로 일본어 학원에서 쓰일 것을 염두에 두고 만들어졌으며, 등장인물은 회사원으로 설정되어 있다. 따라서, 각 과의 회화문은 대학 수업용으로 만들어진 교과서에 자주 나오는 학생과 학교 활동이 중심이 된 회화가 아닌, 일반적이고 보편적인 내용으로 구성되어 있다. 그래서 회사원은 물론이고 학생, 주부에 이르기까지 일본어를 처음 배우는 사람이 실제로 쓸 수 있는 표현을 단시간에 몸에 익힐 수 있도록 되어 있다.

본 교재는 기본적으로는 문형과 표현을 중심으로 명사문, 형용사문(い형용사·な형용사), 동사문과 기초 문법에 따라 차례대로 학습해 가도록 구성되어 있고, 각 과별로 다양한 장면을 설정한 연습문제와 FUN&TALK라는 자유로운 형식의 회화 연습문제도 있다. 즉, 일방적인 전달식 강의용 교재가 아니라 적극적으로 회화에 참가할 수 있도록 배려하여 강사의 교재 활용에 따라 수업 활동을 더욱 활발하게 전개시킬 수 있을 것이다.

또한, 본 교재의 특징으로 회화 안에서 사용되고 있는 어휘가 실제로 일본에서 쓰이고 있는 일상용어라는 점에 주목하고 싶다. 원래 교과서에서는 '휴대전화(携帯電話)'나 '스마트폰(スマートフォン)'과 같은 생략되지 않은 사전 표제어 같은 형태가 제시되는 것이 기본이지만, 본 교재는 학습자가 일본인이 실제로 회화에서 쓰는 말을 알고 싶어하는 요구를 반영하여 'ケータイ', 'スマホ'와 같은 준말 형태의 외래어(가타카나어)를 제시하였다.

이 교재만의 두드러지는 특징 가운데 또 하나는 일본어 초급 교재에서는 잘 볼 수 없는 한자와 외래어(가타카나어) 쓰기 연습이 제공되고 있다는 점이다. 한국어를 모국어로 하는 학습자는 비교적 일본어 학습 능력이 뛰어나다고 할 수 있으나 한자나 가타카나 표기가 서투르거나 잘 모르는 경우가 많다. 수업 중에 짬짬이 이러한 표기법이나 한자의 의미 등을 접할 기회를 고려하고 있는 점이 본 교재의 새롭고 뛰어난 점이라고 말할 수 있을 것이다.

덧붙여, 각 과마다 재미있는 삽화를 넣어 학습자가 학습 내용을 보다 쉽게 이해하고, 학습 의욕을 불러일으킬 수 있도록 하였다.

이처럼 다양한 학습상의 배려가 돋보이는 교재라는 점을 고려하여 많은 학원과 학교에서 쓰이기를 권한다.

恩塚 千代

구성과 특징

Dialogue
일상생활에서 흔히 접할 수 있는 주제를 중심으로 한 실제 회화로 이루어져 있습니다. 이 본문 회화에는 우리가 반드시 알아야 할 기초 문법과 어휘가 들어 있어서 자연스럽게 어휘, 문법, 회화를 동시에 익힐 수 있습니다. 무엇보다 처음 접하는 본문의 어려움을 최소화하기 위해서 본문 내용을 만화로 보여줌으로써 보다 재미있고 쉽게 공부할 수 있도록 배려하였습니다.

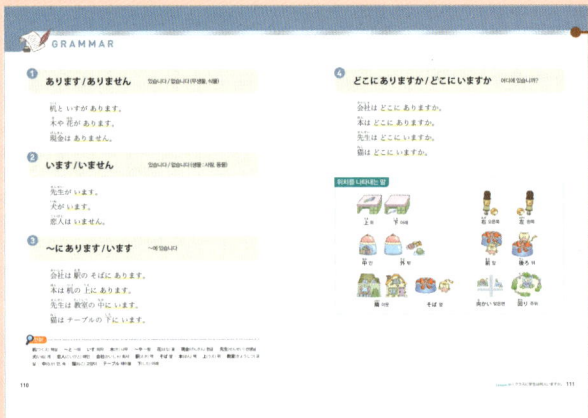

Grammar
문법과 문형 파트에서는 Dialogue에 나온 기초 문법을 보다 더 체계적이고 꼼꼼하게 학습할 수 있도록 예문을 제시하되 중요 문법인 경우 각 품사별 문형을 보여줌으로써 정확한 문법의 이해를 돕고 있습니다. 새로운 단어의 경우 어휘 풀이를 넣어 스스로 예문을 해석할 수 있도록 하였습니다.

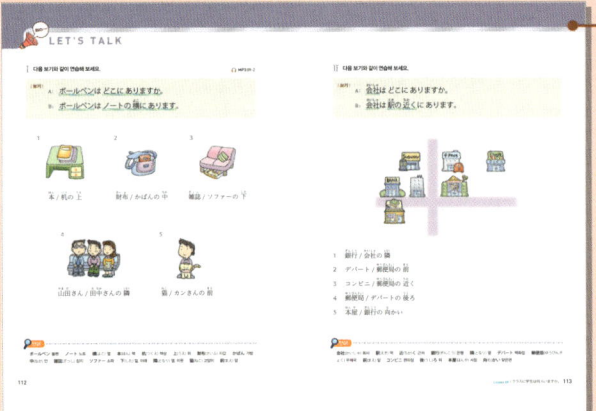

Let's Talk
이 교재의 가장 큰 특징 중의 하나는 본문과 문법 파트를 통해 익힌 문법과 회화 감각을 최대한 길러 주는 회화 연습이 풍부하다는 것입니다. 대부분의 일본어 기초 교재가 단순한 문형 연습에 그친 것에 반해 이 책의 회화 연습 코너는 쉽고 재미있는 문제를 풍부하게 제공하고 있어 단시간에 문법과 회화를 자신의 것으로 만들 수 있는 장점이 있습니다. 또한 연습 문제를 청취 연습으로도 활용할 수 있게 함으로써 소홀해지기 쉬운 청취 부분을 더욱 강화하였습니다. 이를 통해 말하고 듣는 훈련 과정을 최대한 쉽게 소화해 낼 수 있도록 하였습니다.

Exercise

각 과마다 작문 문제를 5개씩 담았습니다. 각 과에서 학습한 주요 문법을 활용하여 기초적인 표현을 다시 짚어 봄으로써 읽고 말하고 듣고 쓸 수 있는 능력을 기를 수 있도록 하였습니다.

일본어 한자의 음독·훈독을 확인하고 쓰기 연습을 함으로써, 한자에 대한 기초 실력을 처음부터 탄탄히 쌓아갈 수 있도록 하였습니다. 난이도는 일본어능력시험 N3~N4 정도의 수준을 기준으로 하여 시험에도 자주 출제되는 중요하고 기초적인 한자입니다.

외래어 역시 최근에 들어서는 그 중요성이 더욱 강조되고 있는 만큼 1과~9과까지는 3개씩, 10과~18과까지는 2개씩 수록하여 외래어를 확실하게 익힐 수 있습니다.

Fun & Talk

마지막 파트에는 게임처럼 즐기며 자유롭게 회화를 할 수 있는 코너입니다. 이는 일반적으로 한인 회화 연습 시간에 사용되는 게임식 회화 자료로서, 기초 문법과 회화 연습을 마친 학습자의 경우 충분히 활용해 볼 수 있는 코너입니다. 이 코너를 통해 상황에 맞는 유창한 일본어 회화 실력을 재미있게 키워 나갈 수 있을 것입니다.

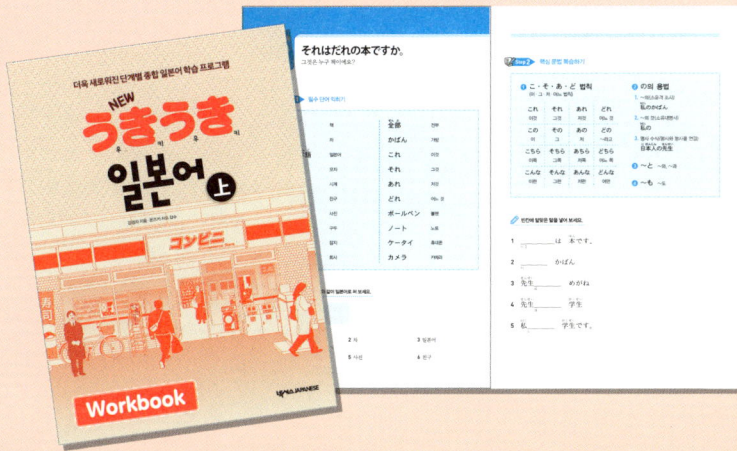

Workbook

각 Lesson에서 배운 단어, 문법, 회화 표현을 확인할 수 있도록 워크북을 별책으로 제공합니다. 문제를 풀면서 실력을 확인해 보세요.

차례

문자와 발음 ... 10

LESSON 01 私は会社員です。 저는 회사원입니다. ... 28
~は …です | ~では[じゃ]ありません | ~ですか | はい / いいえ

LESSON 02 それはだれの本ですか。 그것은 누구 책이에요? ... 38
これ / それ / あれ / どれ | この / その / あの / どの | 조사 ~の · ~と · ~も

LESSON 03 会社は何時から何時までですか。 회사는 몇 시부터 몇 시까지예요? ... 48
何時ですか | ~から …まで | ~が | 시간 익히기

LESSON 04 てんぷらうどん 2 つとおにぎり 1 つください。 ... 58
튀김 우동 두 개와 주먹밥 한 개 주세요.
いくらですか | ~(を)ください | ~で | 개수 세기 | 숫자 읽기

LESSON 05 お誕生日はいつですか。 생일은 언제예요? ... 68
いつですか | ~じゃありませんか | ~ですね | 生まれ | 날짜와 요일

LESSON 06 日本語は易しくて面白いです。 일본어는 쉽고 재미있어요. ... 78
い형용사 : ~です · ~くないです / ~くありません · 명사 수식형 · ~くて | ~よ

LESSON 07 すてきな都市です。 멋진 도시입니다. ... 88
な형용사 : ~です · ~では[じゃ]ありません / ~では[じゃ]ないです · 명사 수식형 · ~で | ~から

LESSON 08 どんな音楽が好きですか。 어떤 음악을 좋아하세요? ... 98
~が好きです | どんな ~が好きですか | 비교 구문 | 최상급 구문

LESSON 09 クラスに学生は何人いますか。 반에 학생은 몇 명 있어요? ... 108
あります / ありません | います / いません | ~にあります / います |
どこにありますか / どこにいますか | 위치 표현

LESSON 10	暇な時、何をしますか。 한가할 때 무엇을 합니까?	118
	동사의 종류	동사의 ます형: ～ます·～ません·～ました·～ませんでした	동사와 자주 쓰이는 조사	

LESSON 11	今度の週末に遊びに行きませんか。 이번 주말에 놀러 가지 않을래요?	130
	목적 표현	～し	권유 표현	

LESSON 12	おいしい冷麺が食べたいです。 맛있는 냉면을 먹고 싶어요.	140
	희망 표현: ～たい·～たくない·～がほしい·～になりたい	변화에 대한 희망 표현	

LESSON 13	地下鉄駅まで歩いて行きます。 지하철역까지 걸어서 갑니다.	150
	～て	～てください	～ながら	동사의 て형	

LESSON 14	山田さんはアマゾンを知っていますか。 야마다 씨는 아마존을 아세요?	160
	～ています	～ている+명사	

LESSON 15	妹さんは田中さんに似ていますか。 여동생은 다나카 씨를 닮았나요?	170
	何人兄弟ですか	おいくつですか	～に似ている	結婚している	

LESSON 16	日本に行ったことがありますか。 일본에 간 적이 있나요?	180
	～た	～たことがある	～んです	동사의 과거형(た형)	형용사의 과거형	

LESSON 17	あまり詳しく聞かないでください。 너무 자세하게 묻지 마세요.	192
	～ない	～ないでください	～中ですから	동사의 부정형(ない형)	각 품사의 부정형(ない형)	

LESSON 18	会社を辞めないほうがいいですよ。 회사를 그만두지 않는 편이 좋아요.	202
	～ないほうがいい	～と思います	～たほうがいい	～てしまう[ちゃう]/～でしまう[じゃう]	

해석 및 정답　　　214

うきうき

우 키 우 키 　 일 본 어

문자와 발음

1 50음도 히라가나
2 50음도 가타카나
3 청음
4 탁음
5 반탁음
6 요음
7 발음
8 촉음
9 장음

50음도 ひらがな

단＼행	あ행	か행	さ행	た행	な행
あ단	あ あかちゃん	か かめ	さ さる	た たんぽぽ	な なす
い단	い いちご	き きんぎょ	し しか	ち ちょう	に にわとり
う단	う うさぎ	く くり	す すいか	つ つばめ	ぬ ぬいぐるみ
え단	え えんぴつ	け けむり	せ せみ	て てぶくろ	ね ねこ
お단	お おう	こ こま	そ そば	と とうだい	の のこぎり

は행	ま행	や행	ら행	わ행	ん
は はさみ	ま まじょ	や やかん	ら らっぱ	わ わし	ん にんじん
ひ ひよこ	み みかん		り りす		
ふ ふうせん	む むし	ゆ ゆり	る るすばん		
へ へび	め めがね		れ れいぞうこ		
ほ ほん	も もみじ	よ ようせい	ろ ろうそく	を てをあらう	

50음도 カタカナ

단＼행	ア행	カ행	サ행	タ행	ナ행
ア단	ア アイロン	カ カー	サ サンドイッチ	タ タンバリン	ナ ナイフ
イ단	イ イルカ	キ キャベツ	シ シーディー	チ チーズ	ニ ニュース
ウ단	ウ オランウータン	ク クレヨン	ス スリッパ	ツ ツリー	ヌ カヌー
エ단	エ エプロン	ケ ケーキ	セ セーター	テ テレビ	ネ ネクタイ
オ단	オ オレンジ	コ コアラ	ソ ソーセージ	ト トマト	ノ ノート

ハ행	マ행	ヤ행	ラ행	ワ행	ン
ハ ハーモニカ	マ マッチ	ヤ キャッチャー	ラ ラケット	ワ ワイシャツ	ン パンダ
ヒ ヒーター	ミ ミルク		リ リボン		
フ フォーク	ム アイスクリーム	ユ ユニホーム	ル キャラメル		
ヘ ヘリコプター	メ メロン		レ レモン		
ホ ホチキス	モ モノレール	ヨ ヨーグルト	ロ ロープウェー	ヲ	

일본어 글자는 히라가나, 가타카나로 이루어져 있으며, 청음이란 일본어 글자에 탁점이나 반탁점이 없는 글자를 말합니다.

(1) 모음(母音) 일본어에서 기본 모음은 「あ·い·う·え·お」의 다섯 음뿐입니다.

あ행

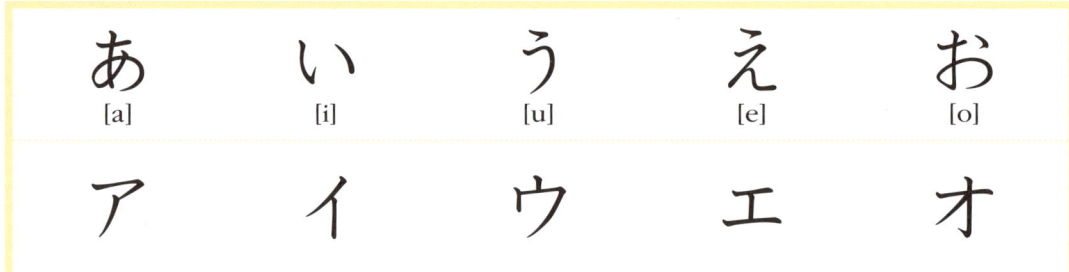

いす 의자	うし 소	え 그림	えだ 나뭇가지

※ う는 우리말의 '우'에 가깝지만 입술을 쭈욱 내밀지 말고 약간만 내밀어 부드럽게 발음하면 됩니다.

(2) 반모음(半母音)

や+わ행

※ や, ゆ, よ, わ는 반모음 또는 이중모음이라고 합니다. や, ゆ, よ는 우리말의 '야, 유, 요'와 같이 발음하고, わ는 우리말의 '와'와 비슷하게 발음합니다.

(3) 자음(子音)

か행

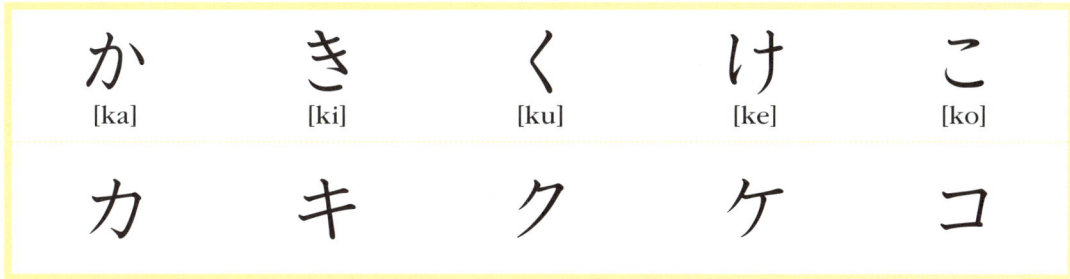

か	き	く	け	こ
[ka]	[ki]	[ku]	[ke]	[ko]
カ	キ	ク	ケ	コ

かつら 가발　　かき 감　　ケーキ 케이크　　けむり 연기

※ 우리말의 'ㄲ'과 'ㅋ'의 중간쯤 되는 소리라고 하는데
　단어의 가장 앞에 올 때에는 'ㅋ', 단어 중간에 올 때에는 'ㄲ'에 가깝다고 할 수 있습니다.

さ행

さ	し	す	せ	そ
[sa]	[shi]	[su]	[se]	[so]
サ	シ	ス	セ	ソ

すし 초밥　　すずめ 참새　　そら 하늘　　かさ 우산

※ す는 우리말의 '수'와 달리 약간 숨을 들이마시면서 발음하기 때문에 '스'에 가깝다고 할 수 있습니다.

た행

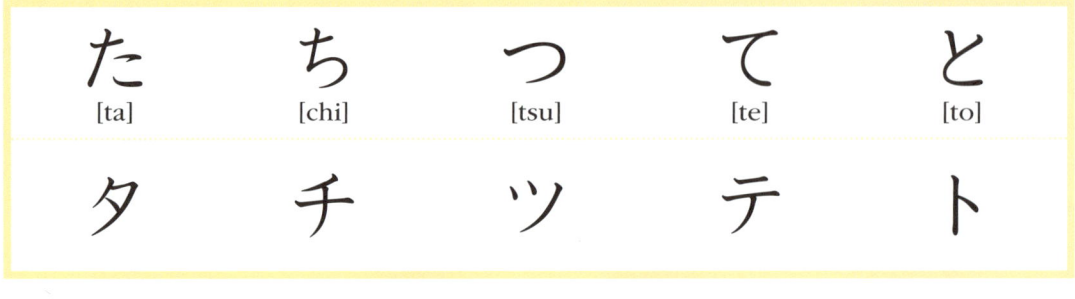

た	ち	つ	て	と
[ta]	[chi]	[tsu]	[te]	[to]
タ	チ	ツ	テ	ト

ノート 노트　　たこ 문어　　トマト 토마토　　ちず 지도

※ ち는 'chi'라고 발음을 표기하는데 우리말의 '찌'에 가깝습니다.
※ つ는 혀 끝부분을 앞니 뒷면의, 앞니와 잇몸이 맞닿아 있는 경계선 부분에 살짝 대고 그 상태에서 이음새 부분을 혀로 살짝 차면서 '쯔' 발음을 하면 됩니다.

な행

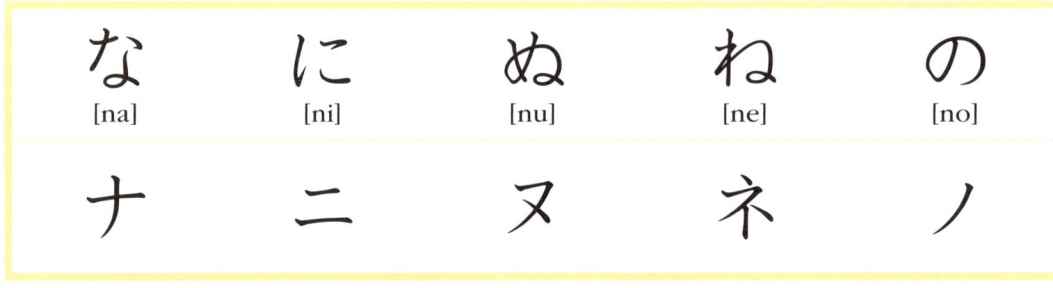

な	に	ぬ	ね	の
[na]	[ni]	[nu]	[ne]	[no]
ナ	ニ	ヌ	ネ	ノ

 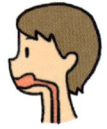  

かに 게　　のど 목구멍　　のり 김　　なし 배

※ な, ぬ, ね, の는 우리말의 'ㄴ' 발음과 같고, に는 な, ぬ, ね, の보다 혀 앞쪽에서 발음됩니다.

は행

は [ha]	ひ [hi]	ふ [fu]	へ [he]	ほ [ho]
ハ	ヒ	フ	ヘ	ホ

はね 날개　　ひふ 피부　　はは 엄마　　ふうせん 풍선

※ は행은 우리말의 '하, 히, 후, 헤, 호'보다, 자음인 'h' 음을 좀 더 세게 내어 바람이 픽픽 새는 듯한 느낌으로 발음하는 것이 좋습니다.
※ ふ는 우리말의 '후'에 가깝다고 생각하면 됩니다.

ま행

ま [ma]	み [mi]	む [mu]	め [me]	も [mo]
マ	ミ	ム	メ	モ

まめ 콩　　おつまみ 술안주　　かも 오리　　むし 벌레

※ め는 な행의 ぬ와 모양이 비슷하므로 헷갈리지 않도록 하세요.

や행

や	い	ゆ	え	よ
[ya]	[i]	[yu]	[e]	[yo]
ヤ	イ	ユ	エ	ヨ

※ や, ゆ, よ는 반모음 또는 이중모음이라고 합니다.

ら행

ら	り	る	れ	ろ
[ra]	[ri]	[ru]	[re]	[ro]
ラ	リ	ル	レ	ロ

※ ら행은 'r'로 표기되는데 영어의 'r' 음처럼 혀를 굴리지 않습니다. 우리말의 '라, 리, 루, 레, 로'에 가까운 발음입니다.

わ행・ん

わ	を	ん
[wa]	[o]	[n]
ワ	ヲ	ン

※ わ도 や, ゆ, よ와 마찬가지로 반모음 또는 이중모음이라고 합니다.
※ を는 조사로만 사용되는 글자로, 발음은 お와 똑같습니다.

탁음 濁音

か·さ·た·は행에서만 나타나며, 청음 글자의 오른쪽 위에 「ﾞ」부호를 찍은 글자를 말합니다.

が행

が [ga]	ぎ [gi]	ぐ [gu]	げ [ge]	ご [go]
ガ	ギ	グ	ゲ	ゴ

 えいご 영어    ガラス 유리    うさぎ 토끼    まご 손자

※ が행의 표기상으로는 우리말의 'ㄱ' 발음이지만, 실제로 발음할 때는 [ㅇ] 발음을 확실히 내야 합니다.

ざ행

ざ [za]	じ [ji]	ず [zu]	ぜ [ze]	ぞ [zo]
ザ	ジ	ズ	ゼ	ゾ

 ざる 소쿠리    ひじ 팔꿈치    ぞう 코끼리    ピザ 피자

※ 우리말의 'ㅈ'과 비슷하지만 성대를 울려서 내는 발음으로 우리말에는 없는 발음입니다.
※ じ에서 [z]는 [i] 앞에서 발음이 좀 달라집니다. [j] 발음이 아니라 [z] 발음입니다.

だ행

だ	ぢ	づ	で	ど
[da]	[ji]	[zu]	[de]	[do]
ダ	ヂ	ヅ	デ	ド

ぶどう 포도　　どろ 진흙　　こづつみ 소포　　チヂミ 부침개

※ だ, で, ど는 [d] 발음이고, ぢ와 づ는 ざ행의 じ, ず와 똑같이 발음합니다.

ば행

ば	び	ぶ	べ	ぼ
[ba]	[bi]	[bu]	[be]	[bo]
バ	ビ	ブ	ベ	ボ

えび 새우　　かばん 가방　　ぼうし 모자　　ビール 맥주

※ ば행의 자음은 영어의 'b'와 비슷하며 우리말의 'ㅂ' 음과 같습니다.

반탁음 (半濁音)

반탁음은 は행의 오른쪽 상단에 반탁음 부호 「°」를 붙인 'pa, pi, pu, pe, po'를 말합니다.

ぱ행

ぱ [pa]	ぴ [pi]	ぷ [pu]	ぺ [pe]	ぽ [po]
パ	ピ	プ	ペ	ポ

いっぱい 가득   ペン 펜   ピンク 분홍   パパ 아빠

※ 우리말의 'ㅃ' 발음과 비슷한데 단어의 맨 앞에 오면 'ㅍ'으로 발음됩니다.

요음 拗音

반모음 「や・ゆ・よ」가 다른 글자와 함께 쓰여, 그 글자와 함께 한 글자처럼 발음하는 경우를 요음이라고 합니다.

(1) 청음(清音)의 요음

	き [ki]	し [shi]	ち [chi]	に [ni]	ひ [hi]	み [mi]	り [ri]
や [ya]	きゃ [kya]	しゃ [sya]	ちゃ [cha]	にゃ [nya]	ひゃ [hya]	みゃ [mya]	りゃ [rya]
ゆ [yu]	きゅ [kyu]	しゅ [syu]	ちゅ [chu]	にゅ [nyu]	ひゅ [hyu]	みゅ [myu]	りゅ [ryu]
よ [yo]	きょ [kyo]	しょ [syo]	ちょ [cho]	にょ [nyo]	ひょ [hyo]	みょ [myo]	りょ [ryo]

예 おちゃ 차   みゃく 맥   しゅみ 취미   ひゃく 100(백)

(2) 탁음(濁音)·반탁음(半濁音)의 요음

	ぎ [gi]	じ [ji]	ぢ [ji]	び [bi]	ぴ [pi]
や [ya]	ぎゃ [gya]	じゃ [ja]	ぢゃ [ja]	びゃ [bya]	ぴゃ [pya]
ゆ [yu]	ぎゅ [gyu]	じゅ [ju]	ぢゅ [ju]	びゅ [byu]	ぴゅ [pyu]
よ [yo]	ぎょ [gyo]	じょ [jo]	ぢょ [jo]	びょ [byo]	ぴょ [pyo]

예 ギャグ 개그   じゃま 방해

발음 撥音

「ん」은 다른 글자 뒤에 와서 우리말의 받침과 같은 역할을 합니다.

❶ 「m(ㅁ)」　　ん + ま·ば·ぱ행

　　さんま 꽁치　　　しんぶん 신문

❷ 「n(ㄴ)」　　ん + さ·た·な·ら·ざ·だ행

　　しんせつ 친절　　かんじ 한자

❸ 「ŋ(ㅇ)」　　ん + か·が행

　　おんがく 음악　　げんき 건강함

❹ 「N(콧소리)」　ん으로 끝날 때, ん + あ·は·や·わ행

　　れんあい 연애　　でんわ 전화

촉음 促音

촉음은 「つ」를 2분의 1 크기로 표기하여 우리말의 받침 역할을 하는데, 하나의 독립된 음절로 발음합니다.

❶ 「k(ㄱ)」　　っ + か행

　　いっき 한숨　　　がっこう 학교

❷ 「s(ㅅ)」　　っ + さ행

　　いっさい 한 살　　さっそく 즉시

❸ 「t(ㄷ)」　　っ + た행

　　きって 우표　　　おっと 남편

❹ 「p(ㅂ)」　　っ + ぱ행

　　いっぱい 가득, 한 잔　しっぽ 꼬리

한 낱말의 가운데 있는 두 음절 또는 세 음절을 한 음절처럼 길게 발음하는 소리를 말합니다.

	장음(長音)	단음(短音)
あ단 + あ	おかあさん 어머니	おばさん 아주머니
い단 + い	おにいさん 오빠	おじさん 아저씨
う단 + う	すうがく 수학	くき 줄기
え단 + え + い	おねえさん 누나, 언니 とけい 시계	え 그림 へや 방
お단 + お + う	おおきい 크다 こうえん 공원	おい 남자 조카 そこ 거기
요음 + う	きょうかい 교회	しょめい 서명

예) おばあさん 할머니   おじいさん 할아버지   ゆうがた 저녁
    えいご 영어   りょこう 여행   じゅう 10(십)

더욱 새로워진 단계별 종합 일본어 학습 프로그램

NEW うきうき
우 키 우 키
일본어

LESSON 01

私は会社員です。
<small>わたし かいしゃいん</small>

저는 회사원입니다.

💬 Dialogue

🎧 MP3 01-1

姜(カン)：はじめまして。

姜(カン)ハンチョクです。

どうぞ よろしく お願(ねが)いします。

山田(やまだ)：はじめまして。山田(やまだ)です。

こちらこそ よろしく お願(ねが)いします。

姜(カン)さんは 学生(がくせい)ですか。

姜(カン)：いいえ、学生(がくせい)じゃありません。

会社員(かいしゃいん)です。

강한척: 처음 뵙겠습니다.
　　　　강한척입니다.
　　　　잘 부탁드립니다.
야마다: 처음 뵙겠습니다. 야마다입니다.
　　　　저야말로 잘 부탁드리겠습니다.
　　　　한척 씨는 학생이에요?
강한척: 아니요. 학생이 아닙니다.
　　　　회사원입니다.

はじめまして 처음 뵙겠습니다 | **どうぞ** 부디, 아무쪼록 | **よろしく** 잘 | **お願(ねが)いします** 부탁드립니다 | **こちらこそ** 이쪽이야 말로, 저야말로 | **学生(がくせい)** 학생 | **会社員(かいしゃいん)** 회사원

GRAMMAR

1 ～は …です   ～은/는 …입니다

私(わたし)は 学生(がくせい)です。
彼女(かのじょ)は 会社員(かいしゃいん)です。
彼(かれ)は 日本人(にほんじん)です。

2 ～では[じゃ]ありません   ～이/가 아닙니다

学生(がくせい)では[じゃ]ありません。
会社員(かいしゃいん)では[じゃ]ありません。
日本人(にほんじん)では[じゃ]ありません。

인칭대명사

1인칭	2인칭	3인칭
私(わたし) 나, 저	あなた 너, 당신	彼(かれ) 그, 그 사람 彼女(かのじょ) 그녀

단어

私(わたし) 저 | 学生(がくせい) 학생 | 会社員(かいしゃいん) 회사원 | 日本人(にほんじん) 일본인

❸ ～ですか   ～입니까?

<ruby>学生<rt>がくせい</rt></ruby>ですか。
<ruby>会社員<rt>かいしゃいん</rt></ruby>ですか。
<ruby>中国人<rt>ちゅうごくじん</rt></ruby>ですか。

❹ はい / いいえ   예 / 아니요

はい、<ruby>学生<rt>がくせい</rt></ruby>です。
はい、<ruby>会社員<rt>かいしゃいん</rt></ruby>です。
いいえ、<ruby>中国人<rt>ちゅうごくじん</rt></ruby>ではありません。

국적

<ruby>韓国人<rt>かんこくじん</rt></ruby> 한국인   <ruby>日本人<rt>にほんじん</rt></ruby> 일본인   <ruby>中国人<rt>ちゅうごくじん</rt></ruby> 중국인
アメリカ<ruby>人<rt>じん</rt></ruby> 미국인   イギリス<ruby>人<rt>じん</rt></ruby> 영국인   フランス<ruby>人<rt>じん</rt></ruby> 프랑스인
ロシア<ruby>人<rt>じん</rt></ruby> 러시아인   カナダ<ruby>人<rt>じん</rt></ruby> 캐나다인   ベトナム<ruby>人<rt>じん</rt></ruby> 베트남인

 단어

中国人(ちゅうごくじん) 중국인

LET'S TALK

Ⅰ 다음 보기와 같이 연습해 보세요.　　　　　　　　🎧 MP3 01-2

| 보기 | 金(キム)さんは 医者(いしゃ)です。 |

1
私(わたし) / 学生(がくせい)

2
私(わたし) / 会社員(かいしゃいん)

3
彼(かれ) / 歌手(かしゅ)

Ⅱ 다음 보기와 같이 연습해 보세요.

| 보기 | 私(わたし)は ドイツ人(じん)です。 |

1
山田(やまだ)さん / 日本人(にほんじん)

2
王(ワン)さん / 中国人(ちゅうごくじん)

3
スミスさん / アメリカ人(じん)

🔍 **단어**

医者(いしゃ) 의사 ｜ **歌手**(かしゅ) 가수 ｜ **ドイツ人**(じん) 독일인 ｜ **アメリカ人**(じん) 미국인

Ⅲ 다음 보기와 같이 연습해 보세요.

|보기|
A: 金さんは 韓国人ですか。
B: はい、韓国人です。
A: 山田さんは 韓国人ですか。
B: いいえ、韓国人ではありません。

1 彼 / 学生
2 彼 / ピアニスト
3 彼 / 歌手
4 彼女 / 先生
5 彼女 / 日本人

韓国人(かんこくじん) 한국인 | **彼**(かれ) 그, 그 사람 | **ピアニスト** 피아니스트 | **彼女**(かのじょ) 그녀 | **先生**(せんせい) 선생님

EXERCISE

다음 빈칸에 알맞은 말을 넣어 보세요.

❶ 처음 뵙겠습니다.

は_____

❷ 아무쪼록 잘 부탁드립니다.

どうぞ _____

❸ 저는 학생입니다.

私は _____

❹ 그는 회사원이 아닙니다.

彼は _____

❺ 중국인입니까?

中国人 _____

단어

どうぞ 아무쪼록, 부디 | 私(わたし) 저 | 彼(かれ) 그, 그 사람 | 中国人(ちゅうごくじん) 중국인

한자 연습

学 배울 학
- 음독: がく
- 훈독: まなぶ 배우다
- 획순: 丶 ⺍ ⺍⺀ 学 学 学

生 날 생
- 음독: せい / しょう
- 훈독: 生(なま) 생 / 生(い)きる 살다 / 生(う)まれる 태어나다
- 획순: 丿 ⺊ ⺊ 牛 生

大学 だい がく 대학

先生 せん せい 선생님

외래어 연습

アメリカ 미국

イギリス 영국

フランス 프랑스

Lesson 01 | 私は会社員です。

FUN & TALK

다음 사람의 이름과 직업을 물으면서 연습해 보세요.

失礼ですが、お名前は? 실례합니다만, 성함은?

失礼ですが、お仕事は? 실례합니다만, 하시는 일은?

田中 - 会社員
회사원

佐藤 - 銀行員
은행원

鈴木 - 先生
선생님

高橋 - 運転手
운전수

なかむら いしゃ
中村 - 医者
의사

よしだ
吉田 - けいさつ
경찰

みき びようし
三木 - 美容師
미용사

よしむら かしゅ
吉村 - 歌手
가수

くどう こうむいん
工藤 - 公務員
공무원

わたなべ
渡辺 - モデル
모델

LESSON 02

それはだれの本ですか。
그것은 누구 책이에요?

표현 익히기 사물을 가리키는 지시어 こ・そ・あ・ど 법칙 / 조사의 용법

💬 Dialogue

🎧 MP3 02-1

田中: すみません。
　　　それは だれの 本ですか。
姜: あ、これは 私のです。
田中: じゃ、この ボールペンも 姜さんのですか。
姜: はい、そうです。
田中: そうですか。
　　　えーと。じゃ、私の 本と ボールペンは…？
姜: ハハ、実は これ、全部 田中さんのです。

다나카: 실례합니다.
　　　　그것은 누구 책이에요?
강한척: 아, 이것은 제 것입니다.
다나카: 그럼, 이 볼펜도 한척 씨 거예요?
강한척: 네, 그렇습니다.
다나카: 그래요?
　　　　음…. 그럼, 내 책하고 볼펜은……?
강한척: 하하, 실은 이것 전부 다나카 씨 거예요.

それ 그것 | だれ 누구 | ～の ～의, ～의 것 | 本(ほん) 책 | これ 이것 | じゃ 그럼 | この 이 | ボールペン 볼펜 | ～も ～도
はい 네 | そうです 그렇습니다 | えーと 망설일 때의 의성어 | 実(じつ)は 실은 | 全部(ぜんぶ) 전부

GRAMMAR

1 これ / それ / あれ / どれ　이것 / 그것 / 저것 / 어느 것

これは 本(ほん)です。
それは かばんです。
あれは つくえです。

2 この / その / あの / どの　이 / 그 / 저 / 어느

この 本(ほん)
その ボールペン
あの かばん
どの 車(くるま)

こ・そ・あ・ど 법칙

これ 이것	それ 그것	あれ 저것	どれ 어느것
この 이	その 그	あの 저	どの 어느
こちら 이쪽	そちら 그쪽	あちら 저쪽	どちら 어느쪽
こんな 이런	そんな 그런	あんな 저런	どんな 어떤
ここ 여기	そこ 거기	あそこ 저기	どこ 어디

 단어

本(ほん) 책 | かばん 가방 | つくえ 책상 | ボールペン 볼펜 | 車(くるま) 차, 자동차

3 ～の　　　　　　　　　　　　～의, ～의 것

❶ ～의 (소유격 조사)
私の　本　　　　先生の　めがね

❷ ～의 것 (소유대명사)
私の　　　　先生の

❸ 명사 수식
日本語の　本　　　　中国の　会社

4 ～と　　　　　　　　　　　　～와/과

先生と　学生

韓国人と　日本人

本と　ノート

5 ～も　　　　　　　　　　　　～도

私も　学生です。

これも　私のです。

彼女も　先生です。

🔍 **단어**

めがね 안경 | **日本語**(にほんご) 일본어 | **中国**(ちゅうごく) 중국 | **会社**(かいしゃ) 회사 | **ノート** 노트

LET'S TALK

Ⅰ 다음 보기와 같이 연습해 보세요. 🎧 MP3 02-2

|보기|
A: この かばんは 先生のですか。
B: はい、先生のです。
　　いいえ、先生のではありません。

1　A: この 帽子は 金さんのですか。
　　B: はい、＿＿＿＿＿＿＿＿＿＿＿＿。

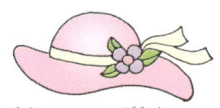
金さんの 帽子

2　A: この ボールペンは 金さんのですか。
　　B: いいえ、＿＿＿＿＿＿＿＿＿＿＿＿。

先生の ボールペン

3　A: その 時計は 山田さんのですか。
　　B: いいえ、＿＿＿＿＿＿＿＿＿＿＿＿。

田中さんの 時計

4　A: その めがねは 山田さんのですか。
　　B: はい、＿＿＿＿＿＿＿＿＿＿＿＿。

山田さんの めがね

5　A: あの 車は 先生のですか。
　　B: いいえ、＿＿＿＿＿＿＿＿＿＿＿＿。

姜さんの 車

かばん 가방 ｜ 帽子(ぼうし) 모자 ｜ ボールペン 볼펜 ｜ 時計(とけい) 시계 ｜ めがね 안경 ｜ 車(くるま) 차, 자동차

Ⅱ 다음 보기와 같이 연습해 보세요.

> |보기|
> A: これは だれの かばんですか。
> B: それは 先生の かばんです。

1 A: これは だれの 本ですか。
　 B: _____は 先生の 本です。

先生の 本

2 A: これは だれの ケータイですか。
　 B: _____は 友達の ケータイです。

友達の ケータイ

3 A: それは だれの カメラですか。
　 B: _____は 私の カメラです。

私の カメラ

4 A: それは だれの 写真ですか。
　 B: _____は ナさんの 写真です。

ナさんの 写真

5 A: あれは だれの くつですか。
　 B: _____は 金さんの くつです。

金さんの くつ

단어

これ 이것 | だれ 누구 | それ 그것 | 本(ほん) 책 | ケータイ 휴대전화 | 友達(ともだち) 친구 | カメラ 카메라 | 写真(しゃしん) 사진 | あれ 저것 | くつ 구두

EXERCISE

다음 빈칸에 알맞은 말을 넣어 보세요.

① 이것은 나의 가방입니다. (かばん)

これは _____

② 그것은 야마다 씨의 볼펜입니다. (ボールペン)

それは _____

③ 저것은 일본 잡지입니다. (雑誌)

あれは _____

④ 이 차는 회사의 것입니다. (車)

この _____

⑤ 그 휴대전화는 나의 것이 아닙니다. (ケータイ)

その _____

⑥ 저 구두는 선생님의 것입니다. (くつ)

あの _____

ボールペン 볼펜 | 日本(にほん) 일본 | 雑誌(ざっし) 잡지 | 車(くるま) 차, 자동차 | 会社(かいしゃ) 회사 | くつ 구두

한자 연습

日 해 일
- 음독: にち
- 훈독: 日(ひ) 날, 해
- 筆順: 丨 冂 日 日

本 근본 본
- 음독: ほん
- 훈독: 本(もと) 근본, 기본
- 筆順: 一 十 才 木 本

毎日 매(まい) 일(にち)

本棚 책(ほん) 장(だな)

외래어 연습

カメラ 카메라

ノート 노트

ベッド 침대

FUN & TALK

그림을 보면서 사물의 이름을 물어보세요.

A : これは 何^{なん}ですか。

B : それは えんぴつです。

LESSON 03

会社は何時から何時までですか。
かいしゃ　なんじ　　　なんじ

회사는 몇 시부터 몇 시까지예요?

표현 익히기   시간 관련 표현

💬 Dialogue

🎧 MP3 03-1

山田(やまだ)：姜(カン)さん、姜(カン)さんの 会社(かいしゃ)は 何時(なんじ)から 何時(なんじ)までですか。

姜(カン)：会社(かいしゃ)は 朝(あさ) 9時(くじ)から 午後(ごご) 5時(ごじ)までですが、仕事(しごと)の 後(あと) 飲(の)み会(かい)が…。

山田(やまだ)：飲(の)み会(かい)?

飲(の)み会(かい)は 普通(ふつう) 何時(なんじ)まで…?

姜(カン)：あの、それが…。ちょっと…。

야마다 : 한척 씨, 한척 씨의 회사는 몇 시부터 몇 시까지예요?
강한척 : 회사는 아침 9시부터 오후 5시까지입니다만,
　　　　일이 끝난 후 회식이…….
야마다 : 회식요?
　　　　회식은 보통 몇 시까지 해요?
강한척 : 저, 그게……. 좀…….

会社(かいしゃ) 회사 | **何時**(なんじ) 몇 시 | **~から** ~부터 | **~まで** ~까지 | **朝**(あさ) 아침 | **9時**(くじ) 9시 | **午後**(ごご) 오후 | **5時**(ごじ) 5시 | **仕事**(しごと) 일, 업무 | **後**(あと) 후, 뒤 | **飲**(の)**み会**(かい) 술자리, 회식, 모임 | **普通**(ふつう) 보통 | **あの** 저, 저기(말을 걸거나 말이 막힐 때) | **ちょっと** 좀, 조금

GRAMMAR

1 　何時ですか　　　　　　몇 시입니까?

今 何時ですか。
→ 一時です。
→ 12時半です。

2 　～から …まで　　　　　～부터 …까지

病院は 何時から 何時までですか。
アルバイトは 朝 9時から 午後 6時までです。

3 　～が　　　　　　　　　～만, ～이/가

❶ ～만 (역접의 접속사)

すみませんが。/ 失礼ですが。
私は 韓国人ですが。

❷ ～이/가 (주격 조사)

これが 私のです。
あの人が 山田さんです。

🔍 **단어**
半(はん) 반, 절반 | 病院(びょういん) 병원 | アルバイト 아르바이트 | 朝(あさ) 아침 | 午後(ごご) 오후 | すみません 죄송합니다 | 失礼(しつれい)です 실례합니다 | あの人(ひと) 저 사람

시간 익히기

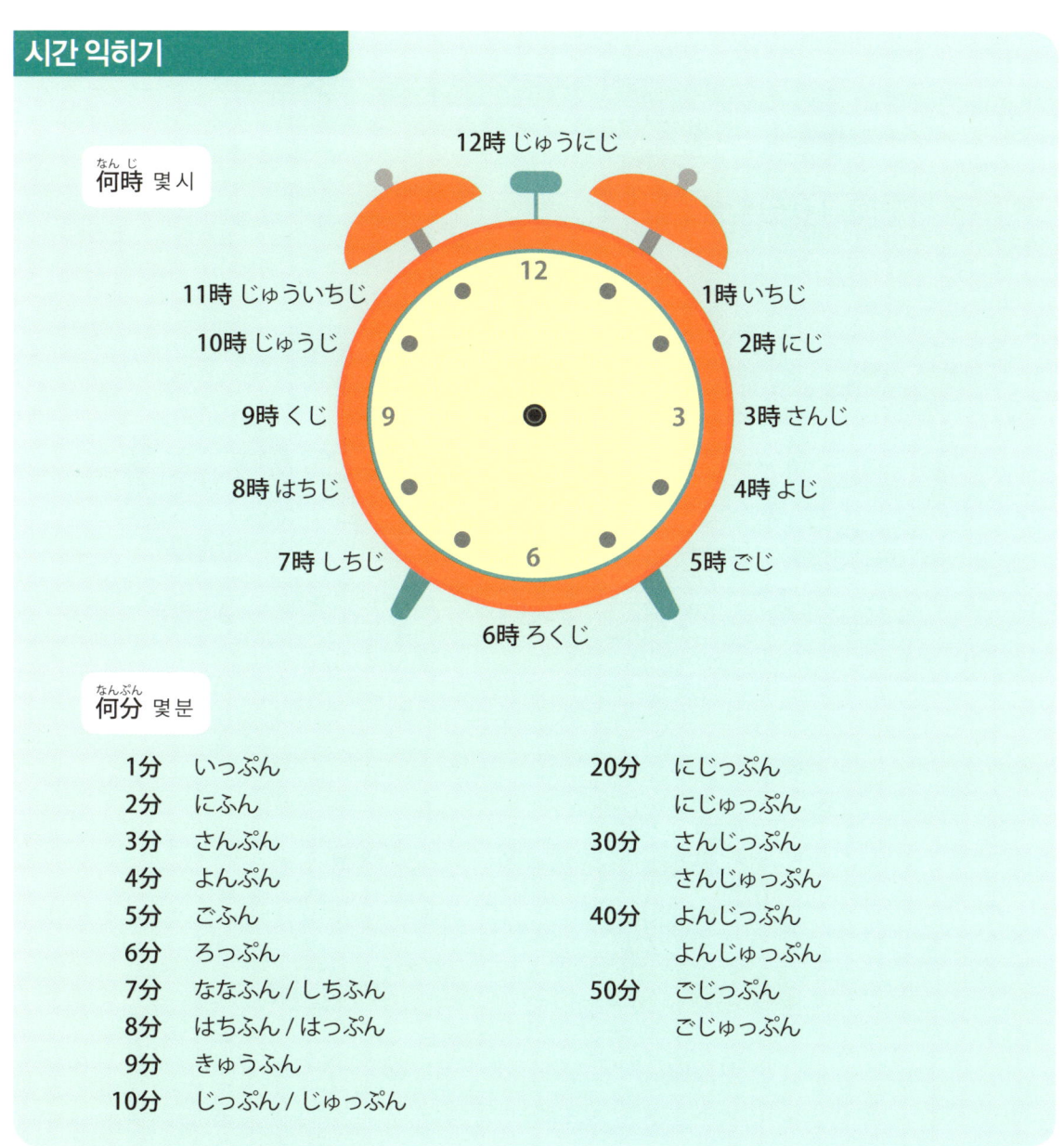

何時(なんじ) 몇 시

- 12時 じゅうにじ
- 1時 いちじ
- 2時 にじ
- 3時 さんじ
- 4時 よじ
- 5時 ごじ
- 6時 ろくじ
- 7時 しちじ
- 8時 はちじ
- 9時 くじ
- 10時 じゅうじ
- 11時 じゅういちじ

何分(なんぷん) 몇 분

1分	いっぷん	20分	にじっぷん / にじゅっぷん
2分	にふん		
3分	さんぷん	30分	さんじっぷん / さんじゅっぷん
4分	よんぷん		
5分	ごふん	40分	よんじっぷん / よんじゅっぷん
6分	ろっぷん		
7分	ななふん / しちふん	50分	ごじっぷん / ごじゅっぷん
8分	はちふん / はっぷん		
9分	きゅうふん		
10分	じっぷん / じゅっぷん		

시간 표현

午前(ごぜん) 오전　　午後(ごご) 오후　　朝(あさ) 아침　　昼(ひる) 낮　　夜(よる) 밤, 저녁

LET'S TALK

Ⅰ 다음 보기와 같이 연습해 보세요.　　　🎧 MP3 03-2

보기
A: すみません、今 何時ですか。
B: 1時 10分です。

1

4:20

2
7:30

3

9:50

4

10:15

5

12:40

🔍 단어

すみません 죄송합니다, 실례합니다 ｜ **今**(いま) 지금 ｜ **何時**(なんじ) 몇 시

Ⅱ 다음 보기와 같이 연습해 보세요.

| 보기 |
A: 学校は 何時から 何時までですか。
B: 学校は 午前 9時から 午後 4時半までです。

1
会社
(A.M.) 9:00 ~ (P.M.) 5:00

2
銀行
(A.M.) 9:00 ~ (P.M.) 4:00

3
デパート
(A.M.) 10:30 ~ (P.M.) 8:00

4
病院
(A.M.) 09:30 ~ (P.M.) 6:00

5
レストラン
(A.M.) 11:00 ~ (P.M.) 10:00

단어

学校(がっこう) 학교 | **午前**(ごぜん) 오전 | **午後**(ごご) 오후 | **会社**(かいしゃ) 회사 | **銀行**(ぎんこう) 은행 | **デパート** 백화점 | **病院**(びょういん) 병원 | **レストラン** 레스토랑

EXERCISE

다음 빈칸에 알맞은 말을 넣어 보세요.

① 일본어 수업은 7시부터 8시까지입니다.

　　日本語の 授業は _____

② 점심시간은 12시부터 1시까지입니다.

　　昼休みは _____

③ 회의는 오전 10시부터 12시까지입니다. (午前)

　　会議は _____

④ 아르바이트는 오후 6시부터 11시까지입니다. (午後)

　　アルバイトは _____

⑤ 미용실은 오전 10시부터 오후 9시까지입니다.

　　美容院は _____

授業(じゅぎょう) 수업 ｜ 昼休(ひるやす)み 점심시간 ｜ 会議(かいぎ) 회의 ｜ アルバイト 아르바이트 ｜ 美容院(びよういん) 미용실

한자 연습

会 모일 회
- 음독: かい
- 훈독: 会(あ)う 만나다
- 획순: ノ 人 人 会 会 会

社 회사 사
- 음독: しゃ
- 훈독: やしろ 신사
- 획순: 丶 ラ ネ ネ 社 社

会社 (かいしゃ) 회사

会議 (かいぎ) 회의

社会 (しゃかい) 사회

외래어 연습

アルバイト 아르바이트

デパート 백화점

レストラン 레스토랑

FUN & TALK

다음 장소를 찾아가려고 합니다. 가기 전에 미리 몇 시부터 몇 시까지 하는지 물어보세요.

何時から 何時までですか。

銀行 (A.M.) 9:00 ~ (P.M.) 4:00

学校 (A.M.) 9:00 ~ (P.M.) 4:00

郵便局 (A.M.) 9:00 ~ (P.M.) 6:00

コンビニ 24時間営業

映画館 (A.M.) 10:30 ~ (P.M.) 11:50

図書館 (A.M.) 6:30 ~ (P.M.) 5:00

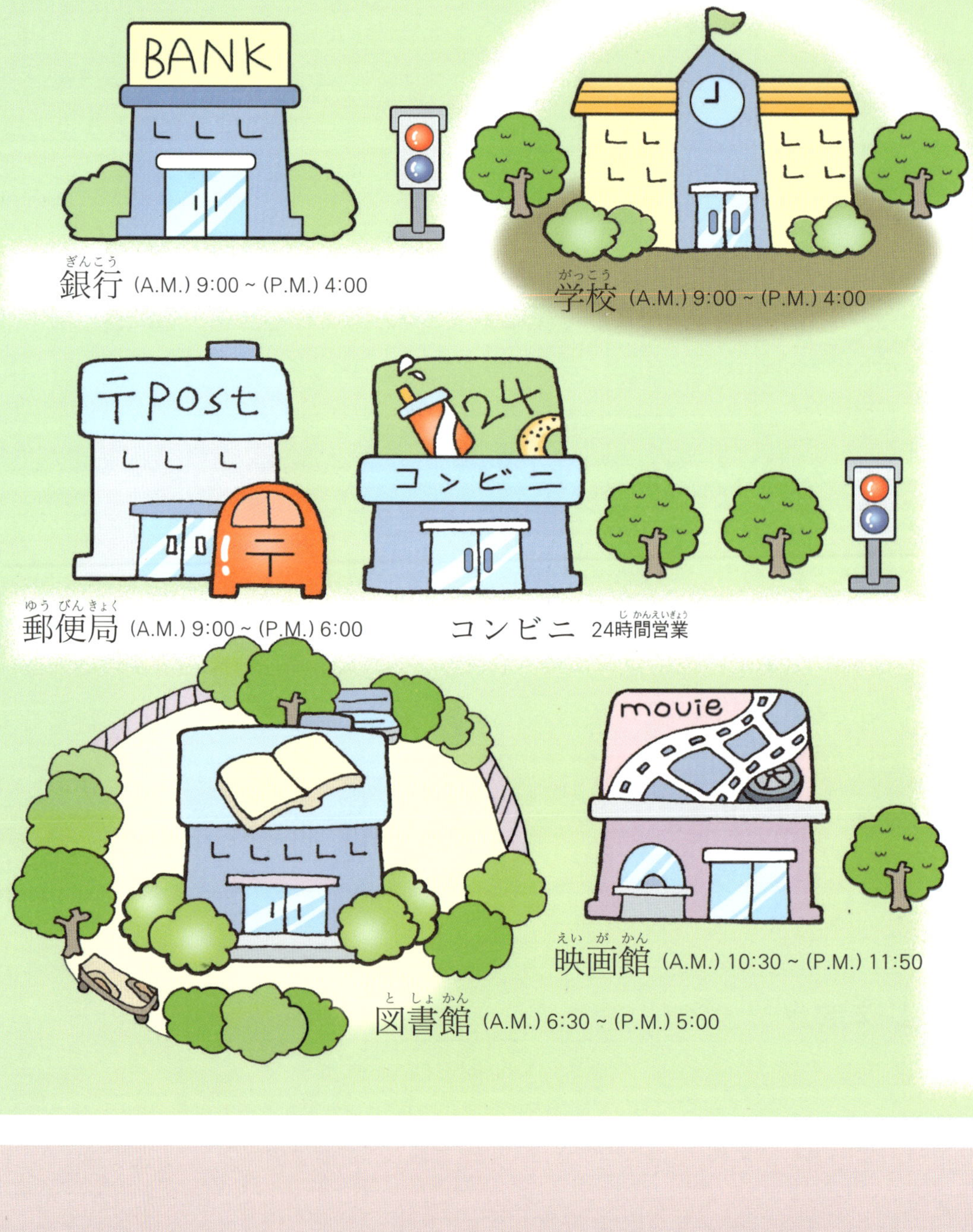

LESSON 04

てんぷらうどん 2 つとおにぎり 1 つ ください。

튀김 우동 두 개와 주먹밥 한 개 주세요.

💬 Dialogue

🎧 MP3 04-1

店員(てんいん)：いらっしゃいませ。何名様(なんめいさま)ですか。

姜(カン)：2名(にめい)です。

店員(てんいん)：こちらへ どうぞ。メニューは こちらです。

姜(カン)：てんぷらうどん 2つ(ふた)と おにぎり 1つ(ひと) ください。

コーラも 1つ(ひと) ください。

(식사 후)

姜(カン)：お会計(かいけい) お願(ねが)いします。

店員(てんいん)：てんぷらうどん 2つ(ふた)と おにぎり 1つ(ひと)、コーラ 1つ(ひと)

全部(ぜんぶ)で 1,890円(えん)です。

ありがとうございます。

점원: 어서 오세요. 몇 분이신가요?
강한척: 두 명입니다.
점원: 이쪽으로 오세요. 메뉴는 이쪽입니다.
강한척: 튀김 우동 두 개와 주먹밥 한 개 주세요.
콜라도 하나 주세요.

(식사 후)
강한척: 계산 부탁드립니다.
점원: 튀김 우동 두 개와 주먹밥 한 개, 콜라 하나
전부 해서 1,890엔입니다. 감사합니다.

🔍 **단어**

店員(てんいん) 점원 | いらっしゃいませ 어서 오세요 | 何名様(なんめいさま) 몇 분 | 2名(にめい) 두 명 | こちらへどうぞ 이쪽으로 오세요 | メニュー 메뉴 | てんぷら 튀김 | うどん 우동 | 2(ふた)つ 둘, 두 개 | おにぎり 주먹밥 | 1(ひと)つ 하나, 한 개 | ください 주세요 | コーラ 콜라 | ～も ～도 | お会計(かいけい) 계산 | お願(ねが)いします 부탁드립니다 | 全部(ぜんぶ)で 전부 해서, 다 해서 | ～円(えん) ～엔 | ありがとうございます 감사합니다

GRAMMAR

1 いくらですか　　　　　　　　얼마입니까?

コーヒーは いくらですか。
うどんは いくらですか。
この時計(とけい)は いくらですか。

2 ～(を) ください　　　　　　～(을/를) 주세요

お水(みず)(を) ください。
コーヒー(を) ください。
おにぎり(を) ください。

3 ～で　　　　　　　～해서, ～에(합계한 수량) / ～이고(구분)

❶ ～해서, ～에 (합계한 수량)

２(ふた)つで 1,000ウォンです。
全部(ぜんぶ)で いくらですか。

❷ ～이고 (구분)

これは ケータイで、それは カメラです。
私(わたし)は 韓国人(かんこくじん)で、山田(やまだ)さんは 日本人(にほんじん)です。

🔍 **단어**
コーヒー 커피 ｜ 時計(とけい) 시계 ｜ お水(みず) 물 ｜ ～ウォン ～원 ｜ カメラ 카메라

4 개수 세기

ひと いっこ 1つ / 1個 하나, 1개	ふた にこ 2つ / 2個 둘, 2개	みっ さんこ 3つ / 3個 셋, 3개	よっ よんこ 4つ / 4個 넷, 4개
いつ ごこ 5つ / 5個 다섯, 5개	むっ ろっこ 6つ / 6個 여섯, 6개	なな ななこ 7つ / 7個 일곱, 7개	
やっ はっこ 8つ / 8個 여덟, 8개	ここの きゅうこ 9つ / 9個 아홉, 9개	とお じゅっこ とお / 10個 열, 10개	

じゅういっこ　　　　じゅうにこ　　　　じゅうさんこ
11個 11개　　　　12個 12개　　　　13個 13개
じゅうよんこ　　　　じゅうごこ　　　　じゅうろっこ
14個 14개　　　　15個 15개　　　　16個 16개

GRAMMAR

숫자 읽기

1 - 10

| 1 いち | 2 に | 3 さん | 4 し/よん | 5 ご |
| 6 ろく | 7 しち/なな | 8 はち | 9 く/きゅう | 10 じゅう |

20 - 90

| 20 にじゅう | 30 さんじゅう | 40 よんじゅう | 50 ごじゅう | 60 ろくじゅう |
| 70 ななじゅう | 80 はちじゅう | 90 きゅうじゅう | | |

100 이상의 숫자 읽기

～百 (ひゃく)

| 100 ひゃく | 200 にひゃく | 300 さんびゃく | 400 よんひゃく | 500 ごひゃく |
| 600 ろっぴゃく | 700 ななひゃく | 800 はっぴゃく | 900 きゅうひゃく | |

～千 (せん)

| 1000 せん | 2000 にせん | 3000 さんぜん | 4000 よんせん | 5000 ごせん |
| 6000 ろくせん | 7000 ななせん | 8000 はっせん | 9000 きゅうせん | |

～万 (まん)

| 1万 いちまん | 10万 じゅうまん | 100万 ひゃくまん | 1000万 せんまん |

사람 수 세기

一人(ひとり) 한 명	二人(ふたり) 두 명	三人(さんにん) 세 명
四人(よにん) 네 명	五人(ごにん) 다섯 명	六人(ろくにん) 여섯 명
七人(しちにん) 일곱 명	八人(はちにん) 여덟 명	九人(きゅうにん) 아홉 명
十人(じゅうにん) 열 명	十一人(じゅういちにん) 열한 명	十二人(じゅうににん) 열두 명

LET'S TALK

Ⅰ 다음 보기와 같이 연습해 보세요.　　　　　　　　　　　　🎧 MP3 04-2

| 보기 |
A: デジタルカメラは いくらですか。
B: 38万(さんじゅうはちまん)ウォンです。

1　　ワイシャツ / 45,000원

2　　かばん / 270,000원

3　　ノートパソコン / 1,890,000원

Ⅱ 다음 보기와 같이 연습해 보세요.

| 보기 |
A: トマトは いくらですか。
B: 五(いつ)つで 3,000(さんぜん)ウォンです。

1　　りんご / 二(ふた)つ / 5,000원

2　　なし / 三(みっ)つ / 10,000원

3　　もも / 四(よっ)つ / 6,000원

デジタルカメラ 디지털카메라 | ワイシャツ 와이셔츠 | かばん 가방 | ノートパソコン 노트북 | トマト 토마토 | りんご 사과 |
なし 배 | もも 복숭아

LET'S TALK

Ⅲ 다음 보기와 같이 연습해 보세요.

> |보기|
> A: ラーメンは いくらですか。
> B: しおラーメンは 980円で、
> 味噌ラーメンは 1,020円です。

1

サンドイッチ /

ハムサンドイッチ 440円 /

エッグサンドイッチ 510円

2

コーヒー /

アメリカーノ 450円 /

カフェモカ 530円

3

アイスクリーム /

抹茶アイスクリーム 590円 /

マンゴーアイスクリーム 620円

4

ケーキ /

チョコレートケーキ 520円 /

チーズケーキ 480円

 ラーメン 라면 | しお 소금 | 味噌(みそ) 된장 | サンドイッチ 샌드위치 | ハム 햄 | エッグ 에그, 달걀 | コーヒー 커피 | アメリカーノ 아메리카노 | カフェモカ 카페모카 | アイスクリーム 아이스크림 | 抹茶(まっちゃ) 말차 | マンゴー 망고 | ケーキ 케이크 | チョコレート 초콜릿 | チーズ 치즈

EXERCISE

다음 빈칸에 알맞은 말을 넣어 보세요.

① 스마트폰은 얼마입니까?

　　スマホは _____

② 전부 해서 얼마입니까?

　　全部(ぜんぶ) _____

③ 사과는 세 개에 5,000원입니다.

　　りんごは _____

④ 토스트는 2,500원이고, 샌드위치는 3,000원입니다. (サンドイッチ)

　　トーストは _____

⑤ 커피와 치즈케이크 하나 주세요. (チーズケーキ)

　　コーヒー _____

スマホ 스마트폰 | 全部(ぜんぶ) 전부 | りんご 사과 | トースト 토스트 | ～と ～와/과 | ください 주세요

EXERCISE

한자 연습

全 완전할 전
- 음독 ぜん
- 훈독 全(まった)く 전혀 / 全(すべ)て 모두, 온통
- ノ 入 仐 仐 仐 全

部 거느릴 부
- 음독 ぶ
- 훈독 べ
- ` ュ 十 ヰ 立 产 音 音 音 部 部

ぜん ぶ
全部
전 부

ぜん こく
全国
전 국

ぶ いん
部員
부 원

외래어 연습

コーヒー 커피

ケーキ 케이크

サンドイッチ 샌드위치

FUN & TALK

백화점의 세일 기간입니다. 가격을 물어보면서 쇼핑해 보세요.

いくらですか。 얼마입니까?

Big バーゲンセール

ノートパソコン 노트북 1,234,000원
テレビ 텔레비전 496,000원
MP3 198,000원
デジカメ 디카 1,234,000원
スマートウォッチ 스마트 워치 350,000원
かばん 가방 98,000원
ネックレス 목걸이 55,000원
ワンピース 원피스 79,000원
ゆびわ 반지 200,000원
サングラス 선글라스 128,000원
ネクタイ 넥타이 34,000원
靴 구두 67,000원

LESSON 05

お誕生日はいつですか。
생일은 언제예요?

💬 Dialogue

🎧 MP3 05-1

ナ： 山田さん、お誕生日は いつですか。

山田： ぼくの 誕生日ですか。3月 17日です。

ナ： 3月 17日！
じゃ、来週の 月曜日じゃありませんか。
私と 同じ 3月生まれですね。

山田： え、ナさんの 誕生日は いつですか。

ナ： 3月 14日。
実は 明日が 私の 誕生日なんです。

山田： あ、そうですか。おめでとうございます。

나민아： 야마다 씨, 생일은 언제예요?
야마다： 제 생일은 3월 17일이에요.
나민아： 3월 17일!
그럼 다음주 월요일이잖아요.
저와 같은 3월생이네요.
야마다： 네? 민아 씨의 생일은 언제예요?
나민아： 3월 14일요.
실은 내일이 제 생일이에요.
야마다： 아, 그래요? 축하합니다.

お誕生日(たんじょうび) 생일 | **いつ** 언제 | **ぼく** 나(남자 1인칭) | **来週**(らいしゅう) 다음 주 | **～と** ～와/과 | **同**(おな)**じ** 같은 | **生(う)まれ** ~생, 태생, 출생 | **実**(じつ)**は** 실은 | **明日**(あした) 내일 | **そうですか** 그렇습니까? | **おめでとうございます** 축하합니다

GRAMMAR

1 いつですか 언제입니까?

お誕生日は いつですか。
休みは いつですか。

2 ～じゃありませんか ～(이)지 않습니까?, ～이/가 아니에요?

山田さんじゃありませんか。
日本語の 先生じゃありませんか。

3 ～ですね ～이군요, ～이네요

明日は 金さんの お誕生日ですね。
もう 春ですね。

4 生まれ ～생, 태생, 출생

彼女は 96年生まれです。
ナさんは ソウル生まれです。

🔍 **단어** ---

いつ 언제 | お誕生日(たんじょうび) 생일 | 休(やす)み 휴일, 휴가, 방학 | 先生(せんせい) 선생님 | 明日(あした) 내일 | もう 벌써, 이미, 이제 | 春(はる) 봄 | 生(う)まれ ～생, 태생, 출생 | ～年(ねん) ～년 | ソウル 서울

何月 몇 월

1月	2月	3月	4月	5月	6月
いちがつ	にがつ	さんがつ	しがつ	ごがつ	ろくがつ
7月	8月	9月	10月	11月	12月
しちがつ	はちがつ	くがつ	じゅうがつ	じゅういちがつ	じゅうにがつ

何日 몇 일

日	月	火	水	木	金	土
1日 ついたち	2日 ふつか	3日 みっか	4日 よっか	5日 いつか	6日 むいか	7日 なのか
8日 ようか	9日 ここのか	10日 とおか	11日 じゅういちにち	12日 じゅうににち	13日 じゅうさんにち	14日 じゅうよっか
15日 じゅうごにち	16日 じゅうろくにち	17日 じゅうしちにち	18日 じゅうはちにち	19日 じゅうくにち	20日 はつか	21日 にじゅういちにち
22日 にじゅうににち	23日 にじゅうさんにち	24日 にじゅうよっか	25日 にじゅうごにち	26日 にじゅうろくにち	27日 にじゅうしちにち	28日 にじゅうはちにち
29日 にじゅうくにち	30日 さんじゅうにち	31日 さんじゅういちにち				

～曜日 ～요일

月曜日(げつようび) 월요일　火曜日(かようび) 화요일　水曜日(すいようび) 수요일
木曜日(もくようび) 목요일　金曜日(きんようび) 금요일　土曜日(どようび) 토요일
日曜日(にちようび) 일요일　何曜日(なんようび) 무슨 요일

여러 가지 시간 표현

一昨日(おととい) 그저께　先々週(せんせんしゅう) 지지난 주　先々月(せんせんげつ) 지지난 달
昨日(きのう) 어제　先週(せんしゅう) 지난주　先月(せんげつ) 지난달
今日(きょう) 오늘　今週(こんしゅう) 이번 주　今月(こんげつ) 이번 달
明日(あした) 내일　来週(らいしゅう) 다음 주　来月(らいげつ) 다음 달
明後日(あさって) 모레　再来週(さらいしゅう) 다음다음 주　再来月(さらいげつ) 다음다음 달

LET'S TALK

I 다음 보기와 같이 연습해 보세요.　　🎧 MP3 05-2

|보기|
A: 4日(よっか)は 何曜日(なんようび)ですか。
B: 日曜日(にちようび)です。

月	火	水	木	金	土	日
			1	2	3	4
5	6	7	8	9	10	11
12	13	14	15	16	17	18
19	20	21	22	23	24	25
26	27	28	29	30	31	

1　1日(ついたち) / 木曜日(もくようび)
2　9日(ここのか) / 金曜日(きんようび)
3　14日(じゅうよっか) / 水曜日(すいようび)
4　19日(じゅうくにち) / 月曜日(げつようび)
5　24日(にじゅうよっか) / 土曜日(どようび)
6　27日(にじゅうしちにち) / 火曜日(かようび)

Ⅱ 다음 보기와 같이 연습해 보세요.

> |보기|
> A: 何月 何日ですか。
> (なんがつ なんにち)
> B: にがつ じゅうよっかです。 (2月 14日)

1. 1月 10日 (いちがつ とおか)
2. 3月 3日 (さんがつ みっか)
3. 5月 8日 (ごがつ ようか)
4. 8月 15日 (はちがつ じゅうごにち)
5. 12月 24日 (じゅうにがつ にじゅうよっか)

🔍 **단어**
何月何日(なんがつなんにち) 몇 월 며칠

EXERCISE

다음 빈칸에 알맞은 말을 넣어 보세요.

1 내일은 무슨 요일입니까? (何曜日)

明日は _____

2 다음 주 월요일은 며칠입니까? (何日)

来週の _____

3 선생님의 생일은 언제입니까? (お誕生日/いつ)

先生の _____

4 몇 월생입니까? (生まれ)

何月 _____

5 오늘은 야마다 씨의 생일이 아닙니까? (~じゃありませんか)

今日は _____

明日(あした) 내일 | 何曜日(なんようび) 무슨 요일 | 来週(らいしゅう) 다음 주 | 生(う)まれ 생, 태생 | 今日(きょう) 오늘 | ~じゃありませんか ~이/가 아닙니까?

한자 연습

来 올 래
- 음독: らい
- 훈독: 来(く)る 오다
- 筆順: 一 ー ア 厸 平 来 来

週 돌 주
- 음독: しゅう
- 훈독: めぐる 돌다
- 筆順: 丿 刀 月 円 冃 用 周 周 `周 週

来週 (らいしゅう) 다음 주

来年 (らいねん) 내년

週間 (しゅうかん) 주 간

외래어 연습

コンピューター 컴퓨터

ボールペン 볼펜

ソウル 서울

Lesson 05 | お誕生日はいつですか。

FUN & TALK

그림을 보고 마음에 드는 사람을 골라 생일과 태어난 곳을 물어보세요.

何月生まれですか。
なんがつ う

佐藤
さとう
1979年 2月 27日
ねん にがつ にじゅうしちにち
東京生まれ
とうきょう う
うお座
ざ

鈴木
すずき
1985年 3月 24日
ねん さんがつ にじゅうよっか
大阪 生まれ
おおさか う
おひつじ座
ざ

中村
なかむら
1990年 5月 8日
ねん ごがつ ようか
京都生まれ
きょうと う
おうし座
ざ

吉田
よしだ
1998年 7月 10日
ねん しちがつ とおか
名古屋生まれ
なごや う
かに座
ざ

三木
みき
2004年 9月 13日
ねん くがつ じゅうさんにち
神戸生まれ
こうべ う
おとめ座
ざ

高橋
たかはし
2012年 10月 31日
ねん じゅうがつ さんじゅういちにち
広島生まれ
ひろしま う
さそり座
ざ

일본 사람들과 생일을 이야기할 때 알아 두면 좋은 별자리

양자리 おひつじ座
3/21 - 4/19

황소자리 おうし座
4/20 - 5/20

쌍둥이자리 ふたご座
5/21-6/21

게자리 かに座
6/22-7/22

사자자리 しし座
7/23-8/22

처녀자리 おとめ座
8/23-9/23

천칭자리 てんびん座
9/24-10/22

전갈자리 さそり座
10/23-11/22

사수자리 いて座
11/23-12/24

염소자리 やぎ座
12/25-1/19

물병자리 みずがめ座
1/20-2/18

물고기자리 うお座
2/19-3/20

LESSON 06

日本語は易しくて面白いです。

일본어는 쉽고 재미있어요.

표현 익히기 い형용사의 정중형과 부정형

💬 Dialogue

🎧 MP3 06-1

山田: ナさん、日本語の 勉強は どうですか。

ナ: とても 面白いですよ。

山田: そうですか。
難しくありませんか。

ナ: いいえ、ぜんぜん 難しくありません。
易しくて 面白いです。
韓国語の 勉強は どうですか。

山田: 面白いですが、発音が 難しいです。

ナ: 実は 私も 漢字が 難しくて、大変です。

야마다: 민아 씨, 일본어 공부는 어때요?
나민아: 매우 재미있어요.
야마다: 그래요? 어렵지 않아요?
나민아: 아니요, 전혀 어렵지 않아요.
쉽고 재미있어요.
한국어 공부는 어때요?
야마다: 재미있지만, 발음이 어려워요.
나민아: 실은 저도 한자가 어려워서 힘들어요.

勉強(べんきょう) 공부 | **どうですか** 어떻습니까? | **とても** 매우 | **面白**(おもしろ)**い** 재미있다 | **~ですよ** ~어요(강조) | **難**(むずか)**しい** 어렵다 | **ぜんぜん** 전혀 | **易**(やさ)**しい** 쉽다 | **韓国語**(かんこくご) 한국어 | **発音**(はつおん) 발음 | **~も** ~도 | **漢字**(かんじ) 한자 | **大変**(たいへん)**だ** 큰일이다, 힘들다

Lesson 06 | 日本語は 易しくて 面白いです。 79

GRAMMAR

① **い형용사** : 기본형이 ～い로 끝나는 형용사

1. い형용사의 기본형 + ～です   ～(ㅂ)니다 (정중형)

山田(やまだ)さんの 会社(かいしゃ)は 大(おお)きいです。

日本語(にほんご)の 勉強(べんきょう)は 面白(おもしろ)いです。

今日(きょう)は 天気(てんき)が いいです。

2. い형용사의 어간 + ～くないです / ～くありません
　　　　　　　　　　　　　～(하)지 않습니다 (정중한 부정형)

私(わたし)の 部屋(へや)は あまり 広(ひろ)くないです。(= 広くありません)

日本語(にほんご)は 難(むずか)しくないです。(= 難しくありません)

今日(きょう)は 暑(あつ)くないです。(= 暑くありません)

3. い형용사의 기본형 + 명사   ～한 (수식형)

熱(あつ)い コーヒー

冷(つめ)たい ビール

辛(から)い キムチ

 단어

会社(かいしゃ) 회사 | 大(おお)きい 크다 | 勉強(べんきょう) 공부 | 面白(おもしろ)い 재미있다 | 今日(きょう) 오늘 | 天気(てんき) 날씨 | いい 좋다 | 部屋(へや) 방 | あまり 그다지, 별로 | 広(ひろ)い 넓다 | 難(むずか)しい 어렵다 | 暑(あつ)い 덥다 | 熱(あつ)い 뜨겁다 | コーヒー 커피 | 冷(つめ)たい 차갑다 | ビール 맥주 | 辛(から)い 맵다 | キムチ 김치

4. い형용사의 어간 + ～くて

❶ ～(하)고 (나열)

易(やさ)しくて 面白(おもしろ)い 日本語(にほんご)

大(おお)きくて 高(たか)い 車(くるま)

❷ ～이어서 (이유 설명)

漢字(かんじ)が 難(むずか)しくて、大変(たいへん)です。

駅(えき)が 近(ちか)くて、いいです。

2   ～よ
뜻은 없이 어미 뒤에 붙어 강조

この ケーキは とても おいしいですよ。
今日(きょう)は 本当(ほんとう)に 寒(さむ)いですよ。
日本語(にほんご)の 先生(せんせい)は とても 面白(おもしろ)いですよ。

易(やさ)しい 쉽다 | 大(おお)きい 크다 | 高(たか)い 비싸다 | 車(くるま) 차 | 漢字(かんじ) 한자 | 大変(たいへん)だ 힘들다 | 駅(えき) 역 | 近(ちか)い 가깝다 | ケーキ 케이크 | とても 매우 | おいしい 맛있다 | 本当(ほんとう)に 정말, 매우 | 寒(さむ)い 춥다

LET'S TALK

I 다음 보기와 같이 연습해 보세요.　🎧 MP3 06-2

보기
A: 会社(かいしゃ)は 家(いえ)から 近(ちか)いですか。
B: いいえ、近(ちか)くありません。遠(とお)いです。

1　A: この カメラは 大(おお)きいですか。

　　B: _____

小(ちい)さい

2　A: 部屋(へや)は 広(ひろ)いですか。

　　B: _____

狭(せま)い

3　A: 夏(なつ)は 寒(さむ)いですか。

　　B: _____

暑(あつ)い

4　A: キムチは 甘(あま)いですか。

　　B: _____

辛(から)い

5　A: この 車(くるま)は 新(あたら)しいですか。

　　B: _____

古(ふる)い

🔍 **단어**

家(いえ) 집 | 近(ちか)い 가깝다 | 遠(とお)い 멀다 | カメラ 카메라 | 大(おお)きい 크다 | 小(ちい)さい 작다 | 部屋(へや) 방 | 広(ひろ)い 넓다 | 狭(せま)い 좁다 | 夏(なつ) 여름 | 寒(さむ)い 춥다 | 暑(あつ)い 덥다 | キムチ 김치 | 甘(あま)い 달다 | 辛(から)い 맵다 | 車(くるま) 차 | 新(あたら)しい 새롭다 | 古(ふる)い 낡다, 오래되다

Ⅱ 다음 보기와 같이 연습해 보세요.

|보기|
A: どんな 車ですか。
B: 大きくて 高い 車です。

1 A: どんな 先生ですか。
   B: _____

   優しい / 面白い

2 A: どんな かばんですか。
   B: _____

   小さい / かわいい

3 A: どんな コーヒーですか。
   B: _____

   熱い / おいしい

4 A: どんな 店ですか。
   B: _____

   新しい / 広い

5 A: どんな 天気ですか。
   B: _____

   暖かい / いい

🔍 단어 --

どんな 어떤 | 高(たか)い 비싸다 | 優(やさ)しい 상냥하다 | 小(ちい)さい 작다 | かわいい 귀엽다 | 熱(あつ)い 뜨겁다 | おいしい 맛있다 | 店(みせ) 가게 | 新(あたら)しい 새롭다 | 広(ひろ)い 넓다 | 天気(てんき) 날씨 | 暖(あたた)かい 따뜻하다 | いい 좋다

EXERCISE

다음 빈칸에 알맞은 말을 넣어 보세요.

① 일본어는 쉽고 재미있습니다. (易しい/面白い)

　　日本語は _____

② 차가운 맥주 주세요. (ビール)

　　冷たい _____

③ 이 휴대전화는 작고 가볍습니다. (小さい/軽い)

　　この ケータイ _____

④ 이 가게의 라면은 싸고 맛있습니다. (ラーメン/安い/おいしい)

　　この 店 _____

⑤ 이것은 달고 맛있는 케이크입니다. (甘い/ケーキ)

　　これは _____

易(やさ)しい 쉽다 ｜ 面白(おもしろ)い 재미있다 ｜ 冷(つめ)たい 차갑다 ｜ ビール 맥주 ｜ ケータイ 휴대전화 ｜ 小(ちい)さい 작다 ｜
軽(かる)い 가볍다 ｜ 店(みせ) 가게 ｜ ラーメン 라면 ｜ 安(やす)い 싸다 ｜ おいしい 맛있다 ｜ 甘(あま)い 달다 ｜ ケーキ 케이크

한자 연습

大 큰 대
- 음독: だい
- 훈독: 大(おお)きい 크다
- 一 ナ 大

大 大 大 大 大 大

小 작을 소
- 음독: しょう
- 훈독: 小(ちい)さい 작다
- 亅 亅 小

小 小 小 小 小 小

大学 (だいがく) 대학

大学 大学 大学 大学 大学 大学

小学校 (しょうがっこう) 초등학교

小学校 小学校 小学校 小学校 小学校 小学校

외래어 연습

ビール 맥주

ビール ビール ビール ビール

ラーメン 라면

ラーメン ラーメン ラーメン ラーメン

キムチ 김치

キムチ キムチ キムチ キムチ

FUN & TALK

 다음은 여러 가지 い형용사입니다. 그림을 보면서 서로 얘기해 보세요.

| おお
大きい
크다 | ちい
小さい
작다 | あたら
新しい
새롭다 | ふる
古い
오래되다 |

| ひろ
広い
넓다 | せま
狭い
좁다 | おもしろい
재미있다 | つまらない
재미없다 |

| とお
遠い
멀다 | ちか
近い
가깝다 | あたた
暖かい
따뜻하다 | すず
涼しい
시원하다 |

暑い 덥다　　寒い 춥다　　高い 높다　　低い 낮다

高い 비싸다　　安い 싸다　　長い 길다　　短い 짧다

熱い 뜨겁다　　冷たい 차갑다　　軽い 가볍다　　重い 무겁다

いい 좋다　　悪い 나쁘다　　難しい 어렵다　　易しい 쉽다

LESSON 07

すてきな都市です。

멋진 도시입니다.

표현 익히기 な 형용사의 정중형과 부정형

💬 Dialogue

🎧 MP3 07-1

山田：姜さんは ソウル生まれですか。

姜：いいえ、プサン生まれです。

山田：プサンですか。プサンは どんな 都市ですか。

姜：プサンは 韓国 最大の 港町です。
きれいな 海と おいしい 食べ物が いっぱいの
すてきな 都市ですよ。

山田：そうですか。どんな 食べ物が 有名ですか。

姜：プサンの 代表的な 食べ物には
ミルミョン、テジクッパ などが あります。

山田：じゃ、今度 プサンへ……。

姜：いいですよ！ ぜひ 一度 プサンへ。

야마다: 한척 씨는 서울 출생이세요?
강한척: 아니요, 부산 출생입니다.
야마다: 부산이에요? 부산은 어떤 도시입니까?
강한척: 부산은 한국 최대의 항구 도시입니다.
　　　　예쁜 바다와 맛있는 음식이 가득한 멋진 도시이지요.
야마다: 그래요? 어떤 음식이 유명한가요?
강한척: 부산의 대표적인 음식에는 밀면, 돼지국밥 등이 있습니다.
야마다: 그럼, 다음에 부산으로…….
강한척: 좋아요! 부디 꼭 한번 부산에 오세요.

🔍 단어

ソウル 서울 | **生(う)まれ** 출생, 태생 | **プサン** 부산 | **どんな** 어떤 | **都市(とし)** 도시 | **韓国(かんこく)** 한국 | **最大(さいだい)** 최대 | **港町(みなとまち)** 항구 도시 | **きれいだ** 예쁘다, 깨끗하다 | **海(うみ)** 바다 | **〜と** 〜와/과 | **おいしい** 맛있다 | **食(た)べ物(もの)** 음식 | **いっぱい** 가득 | **すてきだ** 멋지다, 훌륭하다 | **有名(ゆうめい)** 유명하다 | **代表的(だいひょうてき)だ** 대표이다 | **ミルミョン** 밀면 | **テジクッパ** 돼지국밥 | **〜など** 〜등 | **今度(こんど)** 이번에, 다음에 | **〜へ** 〜으로, 〜에(방향) | **ぜひ** 부디, 꼭 | **一度(いちど)** 한번

GRAMMAR

①　な형용사(형용동사) : 기본형이 ~だ로 끝나는 형용사

1. な형용사의 어간 + ～です　　　　～(ㅂ)니다 (정중형)

この 町は 有名です。
先生は 親切です。
事務室は 静かです。

2. な형용사의 어간 + ～では[じゃ]ありません / ～では[じゃ]ないです
　　　　　　　　　　　　　　　　～(하)지 않습니다 (정중한 부정형)

金さんの 会社は あまり 有名では[じゃ]ありません。
彼女は 親切では[じゃ]ありません。
教室は 静かでは[じゃ]ありません。

3. な형용사의 어간 + な + 명사　　　～한 (수식형)

元気な 子供
有名な 会社
賑やかな 町

 단어

町(まち) 마을 ｜ **有名**(ゆうめい)だ 유명하다 ｜ **親切**(しんせつ)だ 친절하다 ｜ **事務室**(じむしつ) 사무실 ｜ **静**(しず)かだ 조용하다 ｜ **会社**(かいしゃ) 회사 ｜ **彼女**(かのじょ) 그녀 ｜ **教室**(きょうしつ) 교실 ｜ **元気**(げんき)だ 건강하다 ｜ **子供**(こども) 아이 ｜ **賑**(にぎ)やかだ 번화하다

4. な형용사의 어간 + ～で

❶ ～(하)고 (나열)

静かで きれいな 公園
賑やかで 有名な 町

❷ ～이어서 (이유 설명)

この 漢字は 簡単で、いいです。
この 車は 丈夫で、安心です。

❷ ～から
～때문에, ～(하)니까 (이유 설명)

あの 店が どうして いいですか。
→ 交通が 便利ですから。
→ 店員が 親切ですから。
→ 料理が 安くて おいしいですから。

외래어와 관련된 な형용사

ハンサムだ 잘생기다	スリムだ 날씬하다
ファッショナブルだ 패셔너블하다	リッチだ 부유하다
クールだ 쿨하다	スマートだ 스마트하다

🔍 **단어**

きれいだ 예쁘다, 깨끗하다 | 公園(こうえん) 공원 | 漢字(かんじ) 한자 | 簡単(かんたん)だ 간단하다 | いい 좋다 | 車(くるま) 차 | 丈夫(じょうぶ)だ 튼튼하다 | 安心(あんしん)だ 안심이다 | 店(みせ) 가게 | 交通(こうつう) 교통 | 便利(べんり)だ 편리하다 | 店員(てんいん) 점원 | 料理(りょうり) 요리 | 安(やす)い 싸다 | おいしい 맛있다

LET'S TALK

Ⅰ 다음 보기와 같이 연습해 보세요.　　　　　　　　　　　🎧 MP3 07-2

| 보기 | A: 地下鉄は 便利ですか。
B: はい、便利です。
　　いいえ、便利ではありません。 |

1
中村さん / ハンサムだ / はい

2
金さん / 親切だ / はい

3
ダンス / 上手だ / はい

4
この 車 / きれいだ / いいえ

5
町 / 静かだ / いいえ

단어

地下鉄(ちかてつ) 지하철 | 便利(べんり)だ 편리하다 | ハンサムだ 잘생기다 | 親切(しんせつ)だ 친절하다 | ダンス 춤, 댄스 | 上手(じょうず)だ 잘하다, 능숙하다 | 車(くるま) 차 | きれいだ 깨끗하다 | 町(まち) 마을 | 静(しず)かだ 조용하다

Ⅱ 다음 보기와 같이 연습해 보세요.

|보기|
A: どんな 町ですか。
B: 賑やかで 有名な 町です。

1

人
ハンサムだ / リッチだ

2

学生
元気だ / 真面目だ

3

車
丈夫だ / 便利だ

4

仕事
簡単だ / 楽だ

5

先生
親切だ / すてきだ

🔍 단어

どんな 어떤 | 賑(にぎ)やかだ 번화하다 | 有名(ゆうめい)だ 유명하다 | リッチだ 부유하다 | 元気(げんき)だ 건강하다, 활달하다 | 真面目(まじめ)だ 성실하다 | 丈夫(じょうぶ)だ 튼튼하다 | 便利(べんり)だ 편리하다 | 仕事(しごと) 일 | 簡単(かんたん)だ 간단하다 | 楽(らく)だ 편하다 | すてきだ 멋지다, 훌륭하다

EXERCISE

다음 빈칸에 알맞은 말을 넣어 보세요.

① 교통은 편리합니까? (便利だ)
　　交通は _____

② 교실은 조용하지 않습니다. (静かだ)
　　教室は _____

③ 야마다 씨는 성실한 사람입니다. (真面目だ/人)
　　山田さんは _____

④ 이 마을은 번화하고 유명합니다. (賑やかだ/有名だ)
　　この 町は _____

⑤ 튼튼하고 멋진 차입니다. (すてきだ/車)
　　丈夫で _____

 단어 --

交通(こうつう) 교통 | 便利(べんり)だ 편리하다 | 教室(きょうしつ) 교실 | 静(しず)かだ 조용하다 | 真面目(まじめ)だ 성실하다 | 人(ひと) 사람 | 賑(にぎ)やかだ 번화하다 | 有名(ゆうめい)だ 유명하다 | 丈夫(じょうぶ)だ 튼튼하다 | すてきだ 멋지다, 훌륭하다 | 車(くるま) 차

한자 연습

親 친할 친
- 음독: しん
- 훈독: 親(おや) 부모 / 親(した)しい 친하다
- 획순: 亠 立 产 辛 亲 亲 亲 親 親

切 자를 절
- 음독: せつ 절
- 훈독: 切(き)る 자르다
- 획순: 一 七 切 切

親切 친절
しん せつ

両親 양친
りょう しん

大切 중요함
たい せつ

외래어 연습

ハンサム 잘생김

スマート 스마트

リッチ 부유함

Lesson 07 | すてきな都市です。

FUN & TALK

다음 な형용사를 이용하여 다양한 표현을 말해 보세요.

예) 彼は ハンサムですか。

静かだ
조용하다

賑やかだ
번화하다, 번잡하다

便利だ
편리하다

不便だ
불편하다

親切だ
친절하다

不親切だ
불친절하다

ハンサムだ
핸섬하다

きれいだ
예쁘다, 깨끗하다

真面目だ
성실하다

不真面目だ
불성실하다

貧乏だ
가난하다

リッチだ
부유하다

あんしん
安心だ
안심하다

しんぱい
心配だ
걱정하다

あんぜん
安全だ
안전하다

きけん
危険だ
위험하다

す
好きだ
좋아하다

きら
嫌いだ
싫어하다

じょうず
上手だ
잘하다

へた
下手だ
못하다

げんき
元気だ
건강하다

じょうぶ
丈夫だ
튼튼하다

だいじょうぶ
大丈夫だ
괜찮다

りっぱ
立派だ
훌륭하다

ゆうめい
有名だ
유명하다

おな
同じだ
같다

かんたん
簡単だ
간단하다

ふくざつ
複雑だ
복잡하다

Lesson 07 | すてきな都市です。 97

LESSON 08

どんな音楽が好きですか。

어떤 음악을 좋아하세요?

💬 Dialogue

🎧 MP3 08-1

山田: ナさんは どんな 音楽が 好きですか。

ナ: 私は 静かな 音楽が 好きです。

山田: じゃ、バラードと クラシックと どちらが 好きですか。

ナ: クラシックの ほうが 好きです。
山田さんは?

山田: 韓国の トロットが 大好きです。
いつか カラオケで 私の 十八番を…。

ナ: すみません。私、カラオケは ちょっと…。

야마다: 민아 씨는 어떤 음악을 좋아하세요?
나민아: 저는 조용한 음악을 좋아해요.
야마다: 그럼, 발라드나 클래식 중 어느 것이 좋아요?
나민아: 클래식 쪽이 좋아요.
　　　　 야마다 씨는요?
야마다: 한국의 트로트를 매우 좋아합니다.
　　　　 언젠가 노래방에서 제 18번을……
나민아: 죄송해요. 전 노래방은 좀…….

🔍 단어

どんな 어떤 | 音楽(おんがく) 음악 | ~が ~이/가 | 好(す)きだ 좋아하다 | 静(しず)かだ 조용하다 | じゃ 그럼 | バラード 발라드 | ~と ~와/과 | クラシック 클래식 | どちら 어느 쪽 | ~ほう ~쪽 | トロット 트로트 | 大好(だいす)きだ 매우 좋아하다 | いつか 언젠가 | カラオケ 노래방 | ~で ~에서 | 十八番(じゅうはちばん) 18번(특기곡) | ~を ~을/를 | すみません 죄송해요 | ちょっと 좀

GRAMMAR

1 ～が 好きです　　　～을/를 좋아합니다

音楽が 好きです。
料理が 上手です。
スポーツが 下手です。

2 どんな ～が 好きですか　　　어떤 ～을/를 좋아하세요?

どんな 音楽が 好きですか。
どんな 料理が 上手ですか。
どんな スポーツが 好きですか。

3 비교 구문

1. AとBと どちらが ～ですか　　　A와 B (둘 중에서) 어느 쪽을 (더) ～하세요?

海と 山と どちらが 好きですか。
東京と ソウルと どちらが 寒いですか。

2. Aより Bのほうが ～です　　　A보다 B쪽을 (더) ～해요

山より 海のほうが 好きです。
東京より ソウルのほうが 寒いです。

🔍 **단어**

音楽(おんがく) 음악 | 好(す)きだ 좋아하다 | 料理(りょうり) 요리 | 上手(じょうず)だ 잘하다, 능숙하다 | スポーツ 스포츠 | 下手(へた)だ 서투르다, 잘 못하다 | 海(うみ) 바다 | 山(やま) 산 | 東京(とうきょう) 도쿄 | ソウル 서울 | 寒(さむ)い 춥다 | ～より ～보다

4 최상급 구문

1. 一番(いちばん)　　　　　　　　　가장, 제일

一番(いちばん) 有名(ゆうめい)です。

一番(いちばん) 好(す)きです。

一番(いちばん) 上手(じょうず)です。

2. ～の 中(なか)で　　　　　　　　～(의) 중에서

ソウルの 町(まち)の 中(なか)で 一番(いちばん) 有名(ゆうめい)です。

季節(きせつ)の 中(なか)で 秋(あき)が 一番(いちばん) 好(す)きです。

外国語(がいこくご)の 中(なか)で 日本語(にほんご)が 一番(いちばん) 上手(じょうず)です。

3. 何(なに) / いつ / だれ / どこ / どれ　무엇/언제/누구/어디/어느 것

料理(りょうり)の 中(なか)で 何(なに)が 一番(いちばん) 好(す)きですか。

季節(きせつ)の 中(なか)で いつが 一番(いちばん) 好(す)きですか。

歌手(かしゅ)の 中(なか)で だれが 一番(いちばん) 好(す)きですか。

町(まち)の 中(なか)で どこが 一番(いちばん) 賑(にぎ)やかですか。

りんごと みかんと なしの 中(なか)で どれが 一番(いちばん) 好(す)きですか。

🔍 **단어**

一番(いちばん) 가장 | **町**(まち) 마을, 거리(= 街) | **～の中**(なか)で ~ 중에서 | **季節**(きせつ) 계절 | **秋**(あき) 가을 | **外国語**(がいこくご) 외국어 | **歌手**(かしゅ) 가수 | **賑**(にぎ)やかだ 변화하다 | **りんご** 사과 | **みかん** 귤 | **なし** 배

LET'S TALK

I 다음 보기와 같이 연습해 보세요. 🎧 MP3 08-2

|보기|
A: 犬と 猫と どちらが 好きですか。
B: 犬のほうが 好きです。

1 A: 日本語と 英語と どちらが 上手ですか。
　B: 日本語_____。

2 A: バスと 地下鉄と どちらが 便利ですか。
　B: 地下鉄_____。

3 A: お金と 健康と どちらが 大切ですか。
　B: 健康_____。

4 A: 恋人と 友達と どちらが いいですか。
　B: 恋人_____。

5 A: 家族と 仕事と どちらが 重要ですか。
　B: 家族_____。

🔍 **단어**

犬(いぬ) 개 | 猫(ねこ) 고양이 | 日本語(にほんご) 일본어 | 英語(えいご) 영어 | 上手(じょうず)だ 잘하다 | バス 버스 | 地下鉄(ちかてつ) 지하철 | 便利(べんり)だ 편리하다 | お金(かね) 돈 | 健康(けんこう) 건강 | 大切(たいせつ)だ 소중하다 | 恋人(こいびと) 애인 | 友達(ともだち) 친구 | いい 좋다 | 家族(かぞく) 가족 | 仕事(しごと) 일 | 重要(じゅうよう)だ 중요하다

II 다음 보기와 같이 연습해 보세요.

> |보기|
> A: スポーツの 中で 何が 一番 好きですか。
> B: 野球が 一番 好きです。

1 A: 果物の 中で 何が 一番 好きですか。

   B: _____

2 A: 歌手の 中で だれが 一番 好きですか。

   B: _____

3 A: 四季の 中で いつが 一番 好きですか。

   B: _____

4 A: 韓国の 山の 中で どこが 一番 好きですか。

   B: _____

5 A: コーヒーと 紅茶と コーラの 中で どれが 一番 好きですか。

   B: _____

🔍 **단어**

スポーツ 스포츠 | **野球**(やきゅう) 야구 | **果物**(くだもの) 과일 | **歌手**(かしゅ) 가수 | **四季**(しき) 사계절 | **韓国**(かんこく) 한국 | **山**(やま) 산 | **コーヒー** 커피 | **紅茶**(こうちゃ) 홍차 | **コーラ** 콜라

EXERCISE

다음 빈칸에 알맞은 말을 넣어 보세요.

① 어떤 사람을 좋아합니까?

　　どんな _____

② 서울하고 도쿄 어느 쪽이 큽니까? (東京)

　　ソウルと _____

③ 영어보다 일본어 쪽을 잘합니다.

　　英語より _____

④ 계절 중에서 봄을 가장 좋아합니다. (春)

　　季節 _____

⑤ 스포츠 중에서 축구를 가장 좋아합니다. (サッカー)

　　スポーツ _____

人(ひと) 사람 | ソウル 서울 | 東京(とうきょう) 도쿄 | 英語(えいご) 영어 | 季節(きせつ) 계절 | 春(はる) 봄 | スポーツ 스포츠 | サッカー 축구

한자 연습

海 바다 해
- 음독: かい
- 훈독: 海(うみ) 바다
- 氵 氵 汇 沌 海 海 海

山 뫼 산
- 음독: さん
- 훈독: 山(やま) 산
- 丨 山 山

海外 해외
- かい がい

富士山 후지산
- ふ じ さん

외래어 연습

スポーツ 스포츠

バス 버스

コーラ 콜라

FUN & TALK

다음 な형용사를 이용하여 다양한 표현을 말해 보세요.

예) 何が 好きですか。
どちらが 好きですか。
何が 一番 好きですか。

飲み物 / 果物 음료와 과일

コーヒー 커피　ジュース 주스　コーラ 콜라　紅茶 홍차
緑茶 녹차　ミルク 우유　ワイン 와인　ビール 맥주
みかん 귤　りんご 사과　なし 배　かき 감
もも 복숭아　ぶどう 포도　いちご 딸기　すいか 수박　オレンジ 오렌지

季節/スポーツ　계절과 스포츠

春（はる）
봄

夏（なつ）
여름

秋（あき）
가을

冬（ふゆ）
겨울

サッカー
축구

野球（やきゅう）
야구

水泳（すいえい）
수영

バスケット(ボール)
농구

テニス
테니스

スノーボード
스노보드

ボクシング
복싱

インラインスケート
인라인스케이트

バドミントン
배드민턴

スキー
스키

アイススケート
아이스 스케이트

ゴルフ
골프

LESSON 09

クラスに学生は何人いますか。

반에 학생은 몇 명 있어요?

💬 Dialogue

🎧 MP3 09-1

田中: 姜さんの 日本語 学校は どこに ありますか。

姜: 江南駅に あります。

7番出口の 近くです。

とても 賑やかな 所に あります。

田中: そうですか。交通が 便利で、いいですね。

クラスに 学生は 何人 いますか。

姜: 5人 います。

田中: クラスに 親しい 友達も いますか。

姜: いいえ、親しい 友達は いません。

でも、みんな 熱心で、楽しいです。

田中: そうですか。それは よかったですね。

다나카: 한척 씨의 일본어 학원은 어디에 있어요?
강한척: 강남역에 있어요. 7번 출구 근처예요. 매우 번화한 곳에 있지요.
다나카: 그래요? 교통이 편리해서 좋겠네요.
반에 학생은 몇 명 있어요?

강한척: 5명 있습니다.
다나카: 반에 친한 친구도 있나요?
강한척: 아니요, 친구는 없어요. 하지만 모두 열심이어서 즐겁습니다.
다나카: 그래요? 그건 참 다행이네요.

🔍 단어

日本語学校(にほんごがっこう) 일본어 학원 | **どこに** 어디에 | **ありますか** 있습니까(무생물) | **駅**(えき) 역 | **~に** ~에 | **近**(ちか)**く** 근처, 가까이 | **出口**(でぐち) 출구 | **とても** 매우 | **賑**(にぎ)**やかな** 번화한 | **所**(ところ) 곳 | **交通**(こうつう) 교통 | **便利**(べんり)**で** 편리해서 | **いいですね** 좋겠네요 | **クラス** 반 | **学生**(がくせい) 학생 | **何人**(なんにん) 몇 명 | **いますか** 있습니까(생물) | **親**(した)**しい** 친하다 | **友達**(ともだち) 친구 | **~も** ~도 | **いません** 없습니다(생물) | **でも** 하지만 | **みんな** 모두 | **熱心**(ねっしん)**で** 열심이어서 | **楽**(たの)**しい** 즐겁다 | **よかった** 다행이다

GRAMMAR

1 あります/ありません　　있습니다 / 없습니다 (무생물, 식물)

机と いすが あります。
木や 花が あります。
現金は ありません。

2 います/いません　　있습니다 / 없습니다 (생물: 사람, 동물)

先生が います。
犬が います。
恋人は いません。

3 ～に あります/います　　～에 있습니다

会社は 駅の そばに あります。
本は 机の 上に あります。
先生は 教室の 中に います。
猫は テーブルの 下に います。

단어

机(つくえ) 책상 | ～と ～와/과 | いす 의자 | 木(き) 나무 | ～や ～랑 | 花(はな) 꽃 | 現金(げんきん) 현금 | 先生(せんせい) 선생님 | 犬(いぬ) 개 | 恋人(こいびと) 애인 | 会社(かいしゃ) 회사 | 駅(えき) 역 | そば 옆 | 本(ほん) 책 | 上(うえ) 위 | 教室(きょうしつ) 교실 | 中(なか) 안, 속 | 猫(ねこ) 고양이 | テーブル 테이블 | 下(した) 아래

4 どこに ありますか / どこに いますか　어디에 있습니까?

会社(かいしゃ)は どこに ありますか。
本(ほん)は どこに ありますか。
先生(せんせい)は どこに いますか。
猫(ねこ)は どこに いますか。

위치를 나타내는 말

LET'S TALK

I 다음 보기와 같이 연습해 보세요.　　　　　　　　　🎧 MP3 09-2

| 보기 |
A: ボールペンは どこに ありますか。
B: ボールペンは ノートの 横(よこ)に あります。

1　　　　　　　　2　　　　　　　　3

本/机の 上　　　財布/かばんの 中　　　雑誌/ソファーの 下

4　　　　　　　　　　5

山田さん/田中さんの 隣　　　猫/姜さんの 前

ボールペン 볼펜 | ノート 노트 | 横(よこ) 옆 | 本(ほん) 책 | 机(つくえ) 책상 | 上(うえ) 위 | 財布(さいふ) 지갑 | かばん 가방 |
中(なか) 안 | 雑誌(ざっし) 잡지 | ソファー 소파 | 下(した) 밑, 아래 | 隣(となり) 옆, 이웃 | 猫(ねこ) 고양이 | 前(まえ) 앞

Ⅱ 다음 보기와 같이 연습해 보세요.

| 보기 |
A: 会社は どこに ありますか。
B: 会社は 駅の 近くに あります。

1 銀行 / 会社の 隣
2 デパート / 郵便局の 前
3 コンビニ / 郵便局の 近く
4 郵便局 / デパートの 後ろ
5 本屋 / 銀行の 向かい

단어

会社(かいしゃ) 회사 | 駅(えき) 역 | 近(ちか)く 근처 | 銀行(ぎんこう) 은행 | 隣(となり) 옆 | デパート 백화점 | 郵便局(ゆうびんきょく) 우체국 | 前(まえ) 앞 | コンビニ 편의점 | 後(うし)ろ 뒤 | 本屋(ほんや) 서점 | 向(む)かい 맞은편

LET'S TALK

III 다음 보기와 같이 연습해 보세요.

|보기|
A: 学生は 何人 いますか。
B: 学生は 八人 います。

1

女の子 / 三人

2

男の子 / 五人

3

日本人 / 二人

4

子供 / 一人も いない

🔍 **단어**

女(おんな)の子(こ) 여자아이 | 男(おとこ)の子(こ) 남자아이 | 子供(こども) 아이 | 一人(ひとり)も 한 사람도 | いない 없다

EXERCISE

다음 빈칸에 알맞은 말을 넣어 보세요.

1 가방은 책상 위에 있습니다. (机/上)

かばんは _____

2 은행은 회사 앞에 있습니다. (前)

銀行は _____

3 일본인 친구가 있습니다. (友達)

日本人 _____

4 집에 귀여운 강아지가 있습니다. (かわいい/子犬)

家に _____

5 오늘은 일이 없습니다. (仕事)

今日は _____

6 방에 고양이는 없습니다. (猫)

部屋に _____

🔍 **단어**

かばん 가방 | 机(つくえ) 책상 | 上(うえ) 위 | 銀行(ぎんこう) 은행 | 前(まえ) 앞 | 友達(ともだち) 친구 | 家(いえ) 집 | かわいい 귀엽다 | 子犬(こいぬ) 강아지 | 今日(きょう) 오늘 | 仕事(しごと) 일 | 部屋(へや) 방 | 猫(ねこ) 고양이

EXERCISE

한자 연습

銀 은 은
- 음독 ぎん
- 훈독 しろがね
- 획순: ノ 스 스 キ 쇼 金 金 釘 銀 銀

銀 銀 銀 銀 銀 銀

行 다닐 행
- 음독 こう
- 훈독 行(おこな)う 행하다 / 行(い)く 가다
- 획순: ノ ク 彳 彳 行 行

行 行 行 行 行 行

銀行 은행 (ぎんこう)

銀行 銀行 銀行 銀行 銀行 銀行

行動 행동 (こうどう)

行動 行動 行動 行動 行動 行動

외래어 연습

テーブル 테이블

| テーブル | テーブル | テーブル | テーブル |

ソファー 소파

| ソファー | ソファー | ソファー | ソファー |

コンビニ 편의점

| コンビニ | コンビニ | コンビニ | コンビニ |

FUN & TALK

다음 그림을 보면서 무엇이 어디에 있는지 얘기해 보세요.

～は どこに ありますか。
～は どこに いますか。

〈 민아의 방 〉

LESSON 10

暇な時、何をしますか。
한가할 때 무엇을 합니까?

표현 익히기　동사의 ます형

💬 Dialogue

🎧 MP3 10-1

田中：姜さんは 暇な 時、何を しますか。

姜：そうですね。普通 家で インターネットゲームを します。
　　また 時々 チムジルバンへ 行きます。

田中：チムジルバン？

姜：はい、韓国式サウナです。
　　チムジルバンには いろいろな 種類の サウナ室、
　　食堂、パソコンルームなどが あります。
　　チムジルバンで 映画も 見ますよ。

田中：わあ～、すごいですね。

姜：田中さんも 今度 いっしょに 行きますか。

田中：はい、ぜひ。本当に 嬉しいです。

다나카: 한척 씨는 한가할 때 무엇을 합니까?
강한척: 글쎄요. 보통은 집에서 인터넷 게임을 해요.
　　　또 가끔 찜질방에 갑니다.
다나카: 찜질방?
강한척: 네, 한국식 사우나입니다.
　　　찜질방에는 여러 가지 종류의 사우나실, 식당, 컴퓨터실이 있어요.
　　　찜질방에서 영화도 봐요.
다나카: 와~, 굉장하네요.
강한척: 다나카 씨도 다음에 같이 갈래요?
다나카: 네, 꼭이요. 정말 기쁩니다.

🔍 **단어**

暇(ひま)だ 한가하다 | 時(とき) 때 | 普通(ふつう) 보통 | 家(いえ)で 집에서 | インターネットゲーム 인터넷 게임 | ～を ～을/를 | する 하다 | また 또 | 時々(ときどき) 때때로 | チムジルバン 찜질방 | ～へ ～으로, ～에(방향) | 行(い)く 가다 | 韓国式(かんこくしき) 한국식 | サウナ 사우나 | ～には ～에는 | いろいろな 여러 가지 | 種類(しゅるい) 종류 | サウナ室(しつ) 사우나실 | 食堂(しょくどう) 식당 | パソコンルーム 컴퓨터실 | ～など ～등 | 映画(えいが) 영화 | ～も ～도 | 見(み)る 보다 | すごい 굉장하다 | 今度(こんど) 이번에, 다음에 | いっしょに 함께 | ぜひ 부디, 꼭 | 本当(ほんとう)に 정말 | 嬉(うれ)しい 기쁘다

GRAMMAR

❶ 동사의 종류

1. Ⅰ그룹 동사 (5단 동사)

❶ 동사의 어미가 う, く, ぐ, す, つ, ぬ, ぶ, む로 끝나는 동사

会う 만나다　　　　行く 가다　　　　　泳ぐ 헤엄치다
話す 이야기하다　　待つ 기다리다　　
死ぬ 죽다　　　　　遊ぶ 놀다　　　　　飲む 마시다

❷ 어미가 る로 끝나는 동사 중 어간 끝모음이 [a], [u], [o]인 동사
(あ단, う단, お단 + る)

ある 있다　　　　　降る (눈, 비가) 내리다　　乗る 타다

❸ 예외 Ⅰ그룹 동사

入る 들어가다, 들어오다　帰る 돌아가다, 돌아오다　知る 알다　　切る 자르다

2. Ⅱ그룹 동사 (상하1단 동사)

る로 끝나는 동사 중 동사의 어간의 끝모음이 [i], [e]인 동사

見る 보다　　　　起きる 일어나다
食べる 먹다　　　寝る 자다

3. Ⅲ그룹 동사 (불규칙 동사 / 변격 동사)

来る 오다　　　する 하다

② 동사의 ます형

Ⅰ그룹 동사 (5단 동사)	어미 う단 →い단 + ます	会う 만나다 行く 가다 泳ぐ 헤엄치다 話す 이야기하다 待つ 기다리다 死ぬ 죽다 遊ぶ 놀다 飲む 마시다 ある 있다 降る 내리다 もどる 되돌아가다	➡ 会い ➡ 行き ➡ 泳ぎ ➡ 話し ➡ 待ち ➡ 死に ➡ 遊び ➡ 飲み ➡ あり ➡ 降り ➡ もどり	+ ます + ます + ます + ます + ます + ます + ます + ます + ます + ます + ます	会います 만납니다 行きます 갑니다 泳ぎます 헤엄칩니다 話します 이야기합니다 待ちます 기다립니다 死にます 죽습니다 遊びます 놉니다 飲みます 마십니다 あります 있습니다 降ります 내립니다 もどります 되돌아갑니다
	예외	入る 들어가다 帰る 돌아가다	➡ 入り ➡ 帰り	+ ます + ます	入ります 들어갑니다 帰ります 돌아갑니다
Ⅱ그룹 동사 (상하1단 동사)	어간 + ます	見る 보다 起きる 일어나다 食べる 먹다 寝る 자다	➡ 見 ➡ 起き ➡ 食べ ➡ 寝	+ ます + ます + ます + ます	見ます 봅니다 起きます 일어납니다 食べます 먹습니다 寝ます 잡니다
Ⅲ그룹 동사 (불규칙 동사)		来る 오다 する 하다	➡ ➡	+ ます + ます	来ます 옵니다 します 합니다

GRAMMAR

③ 〜ます　　　　　　　〜(합)니다 (동사의 정중형)

会社(かいしゃ)へ 行(い)きます。
ご飯(はん)を 食(た)べます。
勉強(べんきょう)を します。

④ 〜ません　　　　　　〜(하)지 않습니다 (ます 부정형)

会社(かいしゃ)へ 行(い)きません。
ご飯(はん)を 食(た)べません。
勉強(べんきょう)を しません。

⑤ 〜ました　　　　　　〜(했)습니다 (ます 과거형)

友達(ともだち)に 会(あ)いました。
映画(えいが)を 見(み)ました。
デートを しました。

단어

会社(かいしゃ) 회사 | 〜へ 〜으로, 〜에(방향) | 行(い)く 가다 | ご飯(はん) 밥 | 食(た)べる 먹다 | 勉強(べんきょう) 공부 | する 하다 | 友達(ともだち) 친구 | 〜に 会(あ)う 〜을/를 만나다 | 映画(えいが) 영화 | 見(み)る 보다 | デート 데이트

6 ～ませんでした　　　～(하)지 않았습니다 (ません 과거형)

友達（ともだち）に 会（あ）いませんでした。
映画（えいが）を 見（み）ませんでした。
デートを しませんでした。

7 동사와 자주 쓰이는 조사

❶ ～を　～을/를
新聞（しんぶん）を 読（よ）みます。

❷ ～と　～와/과
友達（ともだち）と 遊（あそ）びます。

❸ ～へ　～에, ～로 (방향)
学校（がっこう）へ 行（い）きます。

❹ ～で　～에서 (장소) / ～로 (도구)
海（うみ）で 泳（およ）ぎます。
ボールペンで 書（か）きます。

❺ ～に　～에 (위치, 시점) / ～을/를
朝（あさ）6時（ろくじ）に 起（お）きます。
友達（ともだち）に 会（あ）います。

🔍 **단어**

新聞(しんぶん) 신문 | 読(よ)む 읽다 | 遊(あそ)ぶ 놀다 | 学校(がっこう) 학교 | 海(うみ) 바다 | 泳(およ)ぐ 헤엄치다 | 朝(あさ) 아침

Lesson 10 | 暇な時、何をしますか。

LET'S TALK

Ⅰ 다음 보기와 같이 연습해 보세요.　　　　　　　　　　🎧 MP3 10-2

|보기|
A: 朝ごはんを 食べますか。
B: はい、食べます。
　　 いいえ、食べません。

1　学校に 行く / はい

2　コーヒーを 飲む / いいえ

3　日本語で 話す / はい

4　朝早く 起きる / いいえ

5　運転を する / はい

🔍 **단어**

朝(あさ)ごはん 아침밥 | 食(た)べる 먹다 | 学校(がっこう) 학교 | 行(い)く 가다 | コーヒー 커피 | 飲(の)む 마시다 | 日本語(にほんご)で 일본어로 | 話(はな)す 이야기하다 | 朝早(あさはや)く 아침 일찍 | 起(お)きる 일어나다 | 運転(うんてん) 운전

Ⅱ 다음 보기와 같이 연습해 보세요.

|보기|
A: 昨日 友達に 会いましたか。
B: はい、会いました。
　　いいえ、会いませんでした。

1　早く 家に 帰る / はい

2　飲み屋へ 行く / いいえ

3　映画を 見る / はい

4　デートを する / はい

5　友達は 来る / いいえ

🔍 **단어**

昨日(きのう) 어제 | 友達(ともだち) 친구 | 会(あ)う 만나다 | 早(はや)く 빨리 | 家(いえ) 집 | 帰(かえ)る 돌아가다 | 飲(の)み屋(や) 술집 | 行(い)く 가다 | 映画(えいが) 영화 | 見(み)る 보다 | デート 데이트 | 来(く)る 오다

EXERCISE

다음 빈칸에 알맞은 말을 넣어 보세요.

① 일본에 갑니다. (行く)
　日本に _____

② 일본어로 이야기합니다. (話す)
　日本語で _____

③ 술은 마시지 않습니다. (飲む)
　お酒は _____

④ 친구를 만났습니다. (会う)
　友達に _____

⑤ 공부를 하지 않았습니다. (する)
　勉強を _____

🔍 **단어**

日本(にほん) 일본 | 行(い)く 가다 | 日本語(にほんご) 일본어 | 話(はな)す 이야기하다 | お酒(さけ) 술 | 飲(の)む 마시다 | 友達(ともだち) 친구 | 会(あ)う 만나다 | 勉強(べんきょう) 공부 | する 하다

한자 연습

新 새로울 신
- 음독: しん
- 훈독: 新(あたら)しい 새롭다
- 필순: 丶 亠 立 立 辛 亲 亲 新 新 新

聞 들을 문
- 음독: ぶん / もん
- 훈독: 聞(き)く 듣다
- 필순: 丨 冂 冂 冃 門 門 門 門 聞 聞 聞

新聞 (しんぶん) 신문

新鮮 (しんせん) 신선

見聞 (けんぶん) 견문

외래어 연습

インターネット 인터넷

サウナ 사우나

デート 데이트

Lesson 10 | 暇な時、何をしますか。

FUN & TALK

 다음은 일상생활에서 쓰는 동사 표현입니다.

7時に 起きる
7시에 일어나다

ご飯を 食べる
밥을 먹다

11時に 寝る
11시에 자다

学校へ 行く
학교에 가다

会社に 来る
회사에 오다

手紙を 書く
편지를 쓰다

音楽を 聞く
음악을 듣다

家に 帰る
집에 돌아가다

電車に 乗る
전철을 타다

りょうり つく
料理を 作る
요리를 만들다

えい が み
映画を 見る
영화를 보다

べんきょう
勉強を する
공부를 하다

ともだち あ
友達に 会う
친구를 만나다

ともだち あそ
友達と 遊ぶ
친구와 놀다

よ
タクシーを 呼ぶ
택시를 부르다

ほん よ
本を 読む
책을 읽다

す
タバコを 吸う
담배를 피우다

か
かばんを 買う
가방을 사다

の
ジュースを 飲む
주스를 마시다

LESSON 11

今度の週末に遊びに行きませんか。
이번 주말에 놀러 가지 않을래요?

💬 Dialogue

🎧 MP3 11-1

姜： 今度の 週末に 遊びに 行きませんか。

田中： いいですね。どこに 行きましょうか。

姜： トンヘは どうですか。
景色も いいし、新鮮な 刺身も おいしいし。

田中： 新鮮な 刺身！ いいですね。
じゃ、気軽に 日帰り旅行に 行きましょうか。

姜： いいですね。
じゃ、土曜日の 朝早く 出発しましょう。

田中： 決まり！ そうしましょう。

강한척: 이번 주말에 놀러 가지 않을래요?
다나카: 좋아요. 어디에 갈까요?
강한척: 동해는 어때요?
　　　　경치도 좋고 신선한 회도 맛있고.
다나카: 신선한 회! 좋아요.
　　　　그럼, 가볍게 당일치기 여행으로 갈까요?
강한척: 좋죠.
　　　　그럼, 토요일 아침 일찍 출발하죠.
다나카: 결정! 그렇게 합시다.

🔍 단어

今度(こんど) 이번 | 週末(しゅうまつ) 주말 | 遊(あそ)びに 놀러 | どこに 어디에 | トンヘ 동해 | どうですか 어떻습니까? | 景色(けしき) 경치 | 〜も 〜도 | いい 좋다 | 〜し 〜(하)고(나열) | 新鮮(しんせん)だ 신선하다 | 刺身(さしみ) 회 | おいしい 맛있다 | いいですね 좋죠, 좋군요 | 気軽(きがる)に 가볍게 | 日帰(ひがえ)り旅行(りょこう) 당일치기 여행 | 朝早(あさはや)く 아침 일찍 | 出発(しゅっぱつ)する 출발하다 | 決(き)まり 결정 | そうしましょう 그렇게 합시다

GRAMMAR

1 목적 표현

1. 명사 + ～に　　　　～하러

食事に 行きます。
ドライブに 行きます。
スキーに 行きます。

2. 동사의 ます형 + ～に　　　　～하러

泳ぎに 行きます。
遊びに 来ます。
会いに 行きます。

2 ～し　　　　～(하)고 (나열)

彼は ハンサムだし、頭も いいです。
お金も ないし、時間も ないです。
あの 店は 安くて おいしいし、雰囲気も いいです。

단어

食事(しょくじ) 식사 | 行(い)く 가다 | ドライブ 드라이브 | スキー 스키 | 泳(およ)ぐ 헤엄치다 | 遊(あそ)ぶ 놀다 | ハンサムだ 잘 생기다 | 頭(あたま) 머리 | お金(かね) 돈 | ない 없다 | 時間(じかん) 시간 | 安(やす)い 싸다 | 雰囲気(ふんいき) 분위기

3 권유 표현

1. ～ませんか　　　　　　　　　～하지 않겠습니까?

ちょっと お茶でも 飲みませんか。

いっしょに 散歩でも しませんか。

少し 休みませんか。

2. ～に 行きませんか　　　　　～하러 가지 않겠습니까?

ドライブに 行きませんか。

お酒を 飲みに 行きませんか。

遊びに 行きませんか。

3. ～ましょう　　　　　　　　～합시다

ちょっと 休みましょう。

いっしょに 遊びましょう。

一生懸命 勉強しましょう。

4. ～ましょうか　　　　　　　～할까요?

ちょっと 休みましょうか。

いっしょに 遊びましょうか。

コーヒーでも 飲みましょうか。

ちょっと 잠깐, 좀 | お茶(ちゃ) 차 | ～でも ～라도 | 飲(の)む 마시다 | いっしょに 함께 | 散歩(さんぽ) 산책 | 少(すこ)し 조금 | 休(やす)む 쉬다 | お酒(さけ) 술 | 一生懸命(いっしょうけんめい) 열심히 | 勉強(べんきょう)する 공부하다

LET'S TALK

Ⅰ 다음 보기와 같이 연습해 보세요.　　　　🎧 MP3 11-2

| 보기 |
A: 明日 いっしょに 買い物に 行きませんか。
B: いいですね。では 明日。

1　スキーに 行く

2　ドライブに 行く

3　映画を 見に 行く

4　お酒を 飲みに 行く

5　泳ぎに 行く

明日(あした) 내일 | いっしょに 같이, 함께 | 買(か)い物(もの) 쇼핑 | では 그럼 | スキー 스키 | ドライブ 드라이브 | 映画(えいが) 영화 | お酒(さけ) 술 | 飲(の)む 마시다 | 泳(およ)ぐ 수영하다

Ⅱ 다음 보기와 같이 연습해 보세요.

> |보기|
> A: どこか ドライブに 行きましょうか。
> B: いいですね。じゃ、漢江(ハンガン)へ 行きましょう。

1 A: 何か 飲みましょうか。

   B: _____

ビールを 飲む

2 A: 何か 食べましょうか。

   B: _____

おすしを 食べる

3 A: どこか ショッピングに 行きましょうか。

   B: _____

明洞(ミョンドン)へ 行く

4 A: どこか 遊びに 行きましょうか。

   B: _____

ロッテワールドに 行く

どこか 어딘가 | 何(なに)か 뭔가 | ビール 맥주 | 食(た)べる 먹다 | おすし 초밥 | ショッピング 쇼핑 | 遊(あそ)ぶ 놀다

EXERCISE

다음 빈칸에 알맞은 말을 넣어 보세요.

① 식사하러 가지 않겠습니까?

　　食事＿＿＿＿＿＿＿＿＿＿＿＿＿＿＿＿＿＿＿＿

② 열심히 공부합시다. (勉強)

　　一生懸命＿＿＿＿＿＿＿＿＿＿＿＿＿＿＿＿＿

③ 차라도 마실까요?

　　お茶＿＿＿＿＿＿＿＿＿＿＿＿＿＿＿＿＿＿＿

④ 저 레스토랑은 요리도 맛있고 서비스도 좋습니다. (サービス)

　　あの レストランは ＿＿＿＿＿＿＿＿＿＿＿＿

⑤ 저 백화점은 교통도 편리하고 물건도 많습니다. (交通 / 品物)

　　あの デパートは ＿＿＿＿＿＿＿＿＿＿＿＿＿

食事(しょくじ) 식사 | 一生懸命(いっしょうけんめい) 열심히 | 勉強(べんきょう) 공부 | お茶(ちゃ) 차 | ~でも ~라도 | 飲(の)む 마시다 | レストラン 레스토랑 | 料理(りょうり) 요리 | ~も ~도 | おいしい 맛있다 | サービス 서비스 | いい 좋다 | デパート 백화점 | 交通(こうつう) 교통 | 便利(べんり)だ 편리하다 | 品物(しなもの) 물건 | 多(おお)い 많다

한자 연습

出 날 출
- 음독 しゅつ
- 훈독 出(で)る 나오다, 나가다 / 出(だ)す 꺼내다, 제출하다
- 丨 ㅏ 屮 出 出

発 쏠 발
- 음독 はつ / ぱつ / ほっ
- 훈독 発(た)つ 출발하다
- フ ヌ ㇰ 癶 癶 癶 ᄷ 発

しゅっ ぱつ
出発 출발

しゅっ せき
出席 출석

はつ めい
発明 발명

외래어 연습

ショッピング 쇼핑

| ショッピング | ショッピング | ショッピング | ショッピング |

ドライブ 드라이브

| ドライブ | ドライブ | ドライブ | ドライブ |

スキー 스키

| スキー | スキー | スキー | スキー |

FUN & TALK

여러분이라면 어떤 데이트 코스를 고르겠습니까?

Ⓐ いっしょに 海へ ドライブに 行きませんか。
함께 바다에 드라이브하러 가지 않을래요?

Ⓑ そのあと おいしい さしみを 食べましょう。 그 뒤 맛있는 회를 먹읍시다.

Ⓐ いっしょに 遊園地に 行きませんか。 함께 유원지에 가지 않을래요?

Ⓑ そのあと ファミリーレストランで 食事を しましょう。
그 뒤 패밀리 레스토랑에서 식사를 합시다.

Ⓐ いっしょに ディズニーランドに 遊びに 行きませんか。
함께 디즈니랜드에 놀러 가지 않을래요?

Ⓑ そのあと デパートで ショッピングしましょう。 그 뒤 백화점에서 쇼핑합시다.

A いっしょに ミュージカルを 見ませんか。함께 뮤지컬을 보지 않을래요?
B そのあと 漢江(ハンガン)に ドライブに 行きましょう。그 뒤 한강에 드라이브 갑시다.

A いっしょに サッカーを 見ませんか。함께 축구를 보지 않을래요?
B そのあと ビールを 飲みましょう。그 뒤 맥주를 마십시다.

A いっしょに 映画を 見ませんか。함께 영화를 보지 않을래요?
B そのあと カラオケに 行きましょう。그 뒤 노래방에 갑시다.

LESSON 12

おいしい冷麺が食べたいです。
맛있는 냉면을 먹고 싶어요.

💬 Dialogue

🎧 MP3 12-1

ナ： もう こんな 時間ですね。
　　 お昼 食べに 行きましょうか。

山田： そうですね。そうしましょう。

ナ： 今日の メニューは 何に しましょうか。
　　 何が 食べたいですか。

山田： そうですね。私は てんぷら定食が 食べたいです。
　　　 ナさんは?

ナ： 私は 久しぶりに おいしい 冷麺が 食べたいです。

山田： 今日は 暑いですから 冷麺も いいですね。

ナ： じゃ、冷麺を 食べに 行きましょう。

나민아: 벌써 시간이 이렇게 됐네요.
　　　　점심 먹으러 갈까요?
야마다: 그러네요. 그렇게 해요.
나민아: 오늘 메뉴는 무엇으로 할까요?
　　　　뭘 먹고 싶어요?
야마다: 글쎄요. 저는 튀김정식이 먹고 싶습니다.
　　　　민아 씨는요?
나민아: 저는 오랜만에 맛있는 냉면을 먹고 싶어요.
야마다: 오늘은 더우니까 냉면도 좋겠네요.
나민아: 그럼, 냉면을 먹으러 가죠.

🔍 단어

もう 벌써 | **こんな** 이런 | **時間**(じかん) 시간 | **お昼**(ひる) 점심 | **メニュー** 메뉴 | **~たい** ~하고 싶다 | **てんぷら** 튀김 | **定食**(ていしょく) 정식 | **久**(ひさ)**しぶりに** 오랜만에 | **冷麺**(れいめん) 냉면 | **暑**(あつ)**い** 덥다 | **~から** ~때문에 | **~も** ~도

GRAMMAR

1 희망 표현

1. ～たい　　　　　　　　　　　～(하)고 싶다 (동사의 ます형에 접속)

日本へ 行きたいです。
少し 休みたいです。
結婚したいです。

2. ～たくない　　　　　　　　　～(하)고 싶지 않다 (たい형의 부정형)

学校に 行きたくないです。
焼酎は 飲みたくないです。
何も 食べたくないです。

3. ～が ほしい　　　　　　　　～을/를 갖고 싶다, ～을/를 원하다

かわいい 犬が ほしいです。
デジタルカメラが ほしいです。
すてきな 恋人が ほしいです。

行(い)く 가다 | 少(すこ)し 조금 | 休(やす)む 쉬다 | 結婚(けっこん) 결혼 | 学校(がっこう) 학교 | 焼酎(しょうちゅう) 소주 | 何(なに)も 아무것도 | かわいい 귀엽다 | 犬(いぬ) 개 | ほしい 갖고 싶다 | デジタルカメラ 디지털카메라 | すてきだ 멋지다 | 恋人(こいびと) 애인

4. ～になりたい　　　　　　～이/가 되고 싶다

いい 先生に なりたいです。
有名な デザイナーに なりたいです。
立派な 社会人に なりたいです。

변화에 대한 희망 표현

1. 명사 + ～に なりたい
歌手に なりたいです。
医者に なりたいです。

2. い형용사 어간 + ～く なりたい
美しく なりたいです。
若く なりたいです。

3. な형용사 어간 + ～に なりたい
有名に なりたいです。
日本語が 上手に なりたいです。

 단어

なる 되다 ｜ 有名(ゆうめい)だ 유명하다 ｜ デザイナー 디자이너 ｜ 立派(りっぱ)だ 훌륭하다 ｜ 社会人(しゃかいじん) 사회인 ｜ 医者(いしゃ) 의사 ｜ 美(うつく)しい 아름답다 ｜ 若(わか)い 젊다 ｜ 上手(じょうず)だ 잘하다

LET'S TALK

I. 다음 보기와 같이 연습해 보세요. 🎧 MP3 12-2

보기
A: 結婚したいですか。 B: はい、結婚したいです。   いいえ、結婚したくないです。

1. A: 日本語で 話したいですか。
   B: _____

2. A: 友達と 遊びたいですか。
   B: _____

3. A: 早く 家に 帰りたいですか。
   B: _____

4. A: 恋人と 別れたいですか。
   B: _____

5. A: 残業したいですか。
   B: _____

🔍 **단어**

話(はな)す 이야기하다 | 友達(ともだち) 친구 | ~と ~와/과 | 遊(あそ)ぶ 놀다 | 早(はや)く 빨리 | 家(いえ) 집 | ~に ~에 | 帰(か え)る 돌아가다 | 恋人(こいびと) 애인 | 別(わか)れる 헤어지다 | 残業(ざんぎょう) 잔업, 야근

Ⅱ 다음 보기와 같이 연습해 보세요.

> |보기|
> A: 今 何が 一番 ほしいですか。
> B: ノートパソコンが 一番 ほしいです。

1　A: 今 何が 一番 ほしいですか。

　　B: _____

カメラ

2　A: 今 何が 一番 食べたいですか。

　　B: _____

ケーキ

3　A: 今 何が 一番 飲みたいですか。

　　B: _____

ビール

4　A: どこへ 一番 行きたいですか。

　　B: _____。

ヨーロッパ

🔍 **단어**

一番(いちばん) 가장, 제일 | **ノートパソコン** 노트북 | **カメラ** 카메라 | **ケーキ** 케이크 | **ビール** 맥주 | **ヨーロッパ** 유럽

EXERCISE

다음 빈칸에 알맞은 말을 넣어 보세요.

❶ 좋은 회사에 취직하고 싶습니다. (就職)
　　いい 会社 _____

❷ 그녀와 만나고 싶습니다. (会う)
　　彼女と _____

❸ 오늘은 아무것도 하고 싶지 않습니다. (何も)
　　今日は _____

❹ 최신형 스마트폰을 갖고 싶습니다. (最新型のスマホ)
　　最新型の _____

❺ 훌륭한 선생님이 되고 싶습니다. (先生)
　　立派な _____

就職(しゅうしょく) 취직 | 会(あ)う 만나다 | 何(なに)も 아무것도 | 最新型(さいしんがた) 최신형 | スマホ 스마트폰 | 立派(りっぱ)だ 훌륭하다

한자 연습

定 정할 정
- 음독: てい
- 훈독: 定(さだ)める 정하다
- 筆順: 丶 宀 宀 宀 宇 定 定

食 먹을 식
- 음독: しょく
- 훈독: 食(た)べる 먹다
- 筆順: 丿 亽 个 今 今 會 食

定食 ていしょく 정식

決定 けってい 결정

食堂 しょくどう 식당

외래어 연습

ノートパソコン 노트북

デザイナー 디자이너

メニュー 메뉴

FUN & TALK

여러분은 무엇을 하고 싶으세요?
何がしたいですか。

りゅうがく
留学
유학

しゅうしょく
就職
취직

りょこう
旅行
여행

けんきゅう
研究
연구

しょうしん
昇進
승진

きゅうしょく
休職
휴직

ダイエット
다이어트

けっこん
結婚
결혼

しょうばい
商売
장사

しんがく
進学
진학

うんどう
運動
운동

きんえん
禁煙
금연

デート
데이트

ドライブ
드라이브

LESSON 13

地下鉄駅まで歩いて行きます。
지하철역까지 걸어서 갑니다.

💬 Dialogue

🎧 MP3 13-1

田中：姜さんは どうやって 会社へ 来ますか。

姜：まず、近くの 地下鉄駅まで 歩いて 行きます。
地下鉄 3号線に 乗って キョデ駅まで 行って
キョデ駅で 2号線に 乗り換えて サムソン駅で 降ります。

田中：わあ〜、本当に 大変ですね。

姜：ええ、いつも 地下鉄の 中で うとうとしながら 来ます。
田中さんは?

田中：私は 家から 歩いて 来ます。
会社まで 歩いて 20分ぐらい かかります。

姜：わあ〜、本当に 近くて いいですね。
これから 時々 遊びに 行きますから、
家が どこか 教えて ください。

田中：え?! あの…、それは ちょっと…。

다나카: 한척 씨는 회사에 어떻게 와요?
강한척: 우선 가까운 지하철역까지 걸어갑니다.
지하철 3호선을 타고 교대역까지 가서 교대역에서
2호선으로 갈아타고 삼성역에서 내립니다.
다나카: 와~, 정말 힘들겠군요.

강한척: 네, 항상 전철 안에서 꾸벅꾸벅 졸면서 옵니다. 다나카 씨는요?
다나카: 저는 집에서 걸어서 옵니다. 회사까지 걸어서 20분 정도 걸려요.
강한척: 와~, 정말 가까워서 좋네요.
이제부터 종종 놀러 갈테니 집이 어딘지 가르쳐 주세요.
다나카: 네? 저……, 그건 좀…….

🔍 단어

どうやって 어떻게 해서 | まず 우선 | 近(ちか)く 근처 | 地下鉄駅(ちかてつえき) 지하철역 | ~まで ~까지 | 歩(ある)く 걷다 | 行(い)く 가다 | ~号線(ごうせん) ~호선 | 乗(の)る 타다 | 乗(の)り換(か)える 갈아타다 | 降(お)りる 내리다 | 本当(ほんとう)に 정말로 | 大変(たいへん)だ 큰일이다, 힘들다 | いつも 언제나, 항상 | うとうとする 꾸벅꾸벅 졸다 | ~ながら ~하면서 | ぐらい 정도 | かかる 걸리다 | これから 이제부터 | 時々(ときどき) 때때로, 종종 | 遊(あそ)ぶ 놀다 | どこか 어딘지 | 教(おし)える 가르치다

GRAMMAR

1 ～て   ～(하)고, ～(해)서

朝 起きて 顔を 洗います。
顔を 洗って ご飯を 食べます。
バスに 乗って 会社へ 行きます。

2 ～て ください   ～해 주세요

ここに 住所を 書いて ください。
パスポートを 見せて ください。
もう一度 説明して ください。

3 ～ながら   ～하면서 (동시 동작〈동사의 ます형에 접속〉)

テレビを 見ながら ご飯を 食べます。
音楽を 聞きながら コーヒーを 飲みます。
ギターを 弾きながら 歌を 歌います。

단어

朝(あさ) 아침 | 起(お)きる 일어나다 | 顔(かお) 얼굴 | 洗(あら)う 씻다 | ご飯(はん) 밥 | バス 버스 | 住所(じゅうしょ) 주소 | 書(か)く 쓰다 | パスポート 여권 | 見(み)せる 보여주다 | もう一度(いちど) 한 번 더 | 説明(せつめい)する 설명하다 | テレビ 텔레비전 | 音楽(おんがく)を 聞(き)く 음악을 듣다 | ギターを 弾(ひ)く 기타를 치다 | 歌(うた)を 歌(うた)う 노래를 부르다

4. 동사의 て형

	어미		
Ⅰ그룹 동사 (5단 동사)	く・ぐ → いて・いで	書く 쓰다 泳ぐ 헤엄치다	➡ 書いて 쓰고, 써서 ➡ 泳いで 헤엄치고, 헤엄쳐서
	う・つ・る → って	会う 만나다 待つ 기다리다 降る (눈, 비가) 내리다	➡ 会って 만나고, 만나서 ➡ 待って 기다리고, 기다려서 ➡ 降って 내리고, 내려서
	ぬ・ぶ・む → んで	死ぬ 죽다 遊ぶ 놀다 飲む 마시다	➡ 死んで 죽고, 죽어서 ➡ 遊んで 놀고, 놀아서 ➡ 飲んで 마시고, 마셔서
	す → して	話す 이야기하다	➡ 話して 이야기하고, 이야기해서
	예외	行く 가다	➡ 行って 가고, 가서
Ⅱ그룹 동사 (상1단 동사)	어간 + て	見る 보다 起きる 일어나다 食べる 먹다 寝る 자다	➡ 見て 보고, 봐서 ➡ 起きて 일어나고, 일어나서 ➡ 食べて 먹고, 먹어서 ➡ 寝て 자고, 자서
Ⅲ그룹 동사 (불규칙 동사)		来る 오다 する 하다	➡ 来て 오고, 와서 ➡ して 하고, 해서

LET'S TALK

Ⅰ 다음 보기와 같이 연습해 보세요.   🎧 MP3 13-2

|보기|
A: これから 何を しますか。
B: 手を 洗って ご飯を 食べます。

1 地下鉄に 乗る / 会社に 行く

2 コーヒーを 飲む / 仕事を 始める

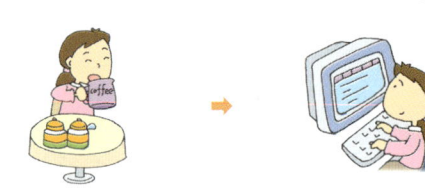

3 友達に 会う / 食事を する

4 家に 帰る / シャワーを 浴びる

5 シャワーを 浴びる / 寝る

단어

これから 이제부터 | 手(て) 손 | 洗(あら)う 씻다 | ご飯(はん) 밥 | 食(た)べる 먹다 | 地下鉄(ちかてつ) 지하철 | 乗(の)る 타다 | 飲(の)む 마시다 | 仕事(しごと) 일 | 始(はじ)める 시작하다 | 友達(ともだち)に会(あ)う 친구를 만나다 | 食事(しょくじ) 식사 | 帰(かえ)る 돌아가다 | シャワーを浴(あ)びる 샤워하다 | 寝(ね)る 자다

Ⅱ 다음 보기와 같이 연습해 보세요.

| 보기 | すみません。暑いですから、ちょっと窓を 開けて ください。

1 授業中 / 静かに する

2 高い / 安く する

3 忙しい / 手伝う

4 分からない / 教える

5 よく 聞こえない / 大きい 声で 言う

🔍 단어

暑(あつ)い 덥다 | ちょっと 좀 | 窓(まど) 창문 | 開(あ)ける 열다 | 授業中(じゅぎょうちゅう) 수업 중 | 静(しず)かにする 조용히 하다 | 高(たか)い 비싸다 | 安(やす)くする 싸게 하다 | 忙(いそが)しい 바쁘다 | 手伝(てつだ)う 돕다 | 分(わ)からない 알지 못하다, 모르다 | 教(おし)える 가르치다 | よく 잘 | 聞(き)こえる 들리다 | 声(こえ) 목소리 | 言(い)う 말하다

LET'S TALK

Ⅲ 다음 보기와 같이 연습해 보세요.

> |보기|
> A: テレビを 見ながら 何を しますか。
> B: テレビを 見ながら ご飯を 食べます。

1 音楽を 聞く / 勉強する

2 歌を 歌う / 踊りを 踊る

3 コーヒーを 飲む / 新聞を 読む

4 本を 見る / 料理を する

5 ポップコーンを 食べる / 映画を 見る

🔍 **단어** --

テレビを 見(み)る 텔레비전을 보다 | **音楽(おんがく)を 聞(き)く** 음악을 듣다 | **勉強(べんきょう)する** 공부하다 | **歌(うた)を 歌(うた)う** 노래하다 | **踊(おど)りを 踊(おど)る** 춤을 추다 | **新聞(しんぶん)** 신문 | **読(よ)む** 읽다 | **料理(りょうり)** 요리 | **ポップコーン** 팝콘 | **映画(えいが)を 見(み)る** 영화를 보다

EXERCISE

다음 빈칸에 알맞은 말을 넣어 보세요.

1 도서관에 가서 공부합니다.

図書館へ _____

2 전화해서 예약을 합니다. (予約)

電話して _____

3 메일을 보내 주세요. (送る)

メールを _____

4 지금 빨리 와 주세요. (早く / 来る)

今 _____

5 콜라를 마시면서 피자를 먹습니다. (ピザ)

コーラを _____

단어

図書館(としょかん) 도서관 | 行(い)く 가다 | 勉強(べんきょう)する 공부하다 | 電話(でんわ) 전화 | 予約(よやく) 예약 | メール 메일 | 送(おく)る 보내다 | 今(いま) 지금 | 早(はや)く 빨리 | 来(く)る 오다 | コーラ 콜라 | 飲(の)む 마시다 | ピザ 피자 | 食(た)べる 먹다

EXERCISE

한자 연습

地 땅 지
- 음독 ち/じ
- 훈독 地(つち) 흙
- 一 十 土 圵 地 地

下 아래 하
- 음독 か/げ
- 훈독 下(した) 아래 / 下(さ)げる 내리다 / 下(くだ)る 내려가다
- 一 丁 下

地下 지하

地図 지도

上下 상하

외래어 연습

テレビ 텔레비전

シャワー 샤워

パスポート 여권

FUN & TALK

 다음과 같이 자유롭게 순차적 표현으로 말해 보세요.

ご飯を食べて、歯を磨きます。

朝 起きる
아침에 일어나다

シャワーを 浴びる
샤워를 하다

食事を する
식사를 하다

会社に 行く
회사에 가다

仕事を する
일을 하다

友達に 会う
친구를 만나다

コーヒーを 飲む
커피를 마시다

家に 帰る
집에 돌아가다

音楽を 聞く
음악을 듣다

Lesson 13 | 地下鉄駅まで歩いて行きます。 159

LESSON 14

山田さんはアマゾンを知っていますか。
야마다 씨는 아마존을 아세요?

💬 Dialogue

🎧 MP3 14-1

山田: もしもし。ナさん、山田です。こんにちは。

ナ: あ、山田さん、こんにちは。

山田: 今 何を して いますか。

ナ: インターネットを して います。
アマゾンで 品物の 値段を 見て いました。
山田さんは アマゾンを 知って いますか。

山田: もちろん 知って いますよ。
日本でも アマゾンの サイトは 人気ありますよ。

ナ: そうですか。
あら、今 メッセンジャーに 友達が 入って きました。
山田さんも メッセンジャーで 話しましょうか。

山田: それも いいですね。
じゃ、メッセンジャーで 会いましょう。

야마다: 여보세요. 민아 씨, 야마다예요. 안녕하세요.
나민아: 아, 야마다 씨. 안녕하세요.
야마다: 지금 뭐 하고 있어요?
나민아: 인터넷을 하고 있어요.
아마존에서 물건의 가격을 보고 있었어요.
야마다 씨는 아마존을 아세요?

야마다: 물론 알고 있어요.
일본에서도 아마존 사이트는 인기있어요.
나민아: 그래요?
어머, 지금 메신저에 친구가 들어왔어요.
야마다 씨도 메신저로 얘기할까요?
야마다: 그것도 좋겠네요. 그럼, 메신저에서 만나요.

🔍 단어

もしもし 여보세요 | こんにちは 안녕하세요 | 今(いま) 지금 | 何(なに) 무엇 | インターネット 인터넷 | アマゾン 아마존 | 品物(しなもの) 물건 | 値段(ねだん) 가격 | 見(み)る 보다 | 知(し)る 알다 | もちろん 물론 | ～でも ～에서도 | サイト 사이트 | 人気(にんき) 인기 | ある 있다 | メッセンジャー 메신저 | 友達(ともだち) 친구 | 入(はい)る 들어오다, 들어가다 | 話(はな)す 이야기하다 | 会(あ)う 만나다

GRAMMAR

1 〜て います   〜(하)고 있습니다 (동사의 て형 + います)

1. 현재 진행 동작

レポートを 書いて います。

歌を 歌って います。

インターネットを して います。

2. 자세, 표정

立って います。

座って います。

笑って います。

3. 옷차림, 착용

眼鏡を かけて います。

スーツを 着て います。

スカーフを して います。

バックを かけている
ブラウスを 着ている
スカートを はいている
スカーフを している
時計を している

ぼうしを かぶっている
眼鏡を かけている
ネクタイを しめている
スーツを 着ている
くつを はいている
かばんを 持っている

4. 날씨, 사물의 상태

雨が 降って います。
窓が 開いて います。
風が 吹いて います。

5. 직업, 거주지

教師を して います。
銀行に 勤めて います。
ソウルに 住んで います。

2 ～ている ＋ 명사   ～(하)고 있는

眼鏡を かけて いる 人が 先生です。
スーツを 着て いる 人が 山田さんです。
本を 読んで いる 人は 中村さんです。

단어

レポートを書(か)く 리포트를 쓰다 | 歌(うた)を歌(うた)う 노래를 부르다 | 立(た)つ 일어서다 | 座(すわ)る 앉다 | 笑(わら)う 웃다 | 眼鏡(めがね)をかける 안경을 끼다 | スーツを着(き)る 정장을 입다 | スカーフをする 스카프를 하다 | バック 가방 | ブラウス 블라우스 | スカート 스커트 | ぼうしをかぶる 모자를 쓰다 | ネクタイをしめる 넥타이를 매다 | くつをはく 구두를 신다 | かばんを持(も)つ 가방을 들다 | 雨(あめ)が降(ふ)る 비가 내리다 | 窓(まど)が開(あ)く 창문이 열리다 | 風(かぜ)が吹(ふ)く 바람이 불다 | 教師(きょうし) 교사 | 銀行(ぎんこう)に勤(つと)める 은행에 근무하다 | ～に住(す)む ～에 살다 | 本(ほん)を読(よ)む 책을 읽다

LET'S TALK

Ⅰ 다음 보기와 같이 연습해 보세요. 🎧 MP3 14-2

| 보기 |
A: 今 何を して いますか。
B: 日本語の 勉強を して います。

1
友達と 話す

2
歌を 歌う

3
本を 読む

4
仕事を する

5
デートを する

友達(ともだち)と 話(はな)す 친구와 이야기하다 | 歌(うた)を 歌(うた)う 노래를 부르다 | 本(ほん)を 読(よ)む 책을 읽다 | 仕事(しごと)を する 일을 하다 | デートを する 데이트를 하다

Ⅱ 다음 보기와 같이 연습해 보세요.

|보기|
A: 山田さんは どの 人ですか。
B: スーツを 着ている 人です。

1 金さん / 眼鏡を かける
2 中村さん / ミニスカートを はく
3 田中さん / 帽子を かぶる
4 吉田さん / ジュースを 飲む
5 鈴木さん / 笑う

🔍 **단어**

スーツを着(き)る 정장을 입다 | 眼鏡(めがね)をかける 안경을 끼다 | ミニスカートをはく 미니스커트를 입다 | 帽子(ぼうし)をかぶる 모자를 쓰다 | ジュースを飲(の)む 주스를 마시다 | 笑(わら)う 웃다

LET'S TALK

Ⅲ 다음 보기와 같이 연습해 보세요.

보기
A: 失礼(しつれい)ですが、山田(やまだ)さんの お仕事(しごと)は?
B: 貿易会社(ぼうえきがいしゃ)に 勤(つと)めて います。

1. 中村(なかむら)さん / 銀行(ぎんこう)

2. 金(キム)さん / 商社(しょうしゃ)

3. 田中(たなか)さん / 郵便局(ゆうびんきょく)

4. 朴(パク)さん / 病院(びょういん)

단어

失礼(しつれい)ですが 실례합니다만 | お仕事(しごと) 직업, 일 | 貿易会社(ぼうえきがいしゃ) 무역회사 | ～に勤(つと)める ～에 근무하다 | 銀行(ぎんこう) 은행 | 商社(しょうしゃ) 상사 | 郵便局(ゆうびんきょく) 우체국 | 病院(びょういん) 병원

EXERCISE

다음 빈칸에 알맞은 말을 넣어 보세요.

1 일본어를 배우고 있습니다. (習う)

　　日本語を _____

2 영화를 보고 있습니다. (映画を見る)

　　映画を _____

3 눈이 오고 있습니다. (雪が降る)

　　雪が _____

4 병원에 근무하고 있습니다. (病院に勤める)

　　病院 _____

5 운전하고 있는 사람은 야마다 씨입니다.

　　運転 _____

習(なら)う 배우다 | 映画(えいが)を見(み)る 영화를 보다 | 雪(ゆき)が降(ふ)る 눈이 내리다 | 病院(びょういん)に勤(つと)める 병원에 근무하다 | 運転(うんてん)する 운전하다

EXERCISE

한자 연습

見 볼 견
- 음독 けん
- 훈독 見(み)る 보다
- 一 冂 冃 目 貝 見

| 見 | 見 | 見 | 見 | 見 | 見 |

知 알 지
- 음독 ち
- 훈독 知(し)る 알다
- ノ 𠂉 ヶ 矢 知 知 知

| 知 | 知 | 知 | 知 | 知 | 知 |

見解 (けんかい) 견해

| 見解 | 見解 | 見解 | 見解 | 見解 | 見解 |

知識 (ちしき) 지식

| 知識 | 知識 | 知識 | 知識 | 知識 | 知識 |

외래어 연습

ギター 기타

| ギター | ギター | ギター | ギター |

サイト 사이트

| サイト | サイト | サイト | サイト |

メッセンジャー 메신저

| メッセンジャー | メッセンジャー | メッセンジャー | メッセンジャー |

FUN & TALK

다음 그림을 보면서 이야기를 나누어 보세요.

何を して いますか。

- タバコを 吸う / 담배를 피우다
- ポーズを 取る / 포즈를 취하다
- ベンチの 上に 寝る / 벤치 위에서 자다
- 写真を 撮る / 사진을 찍다
- アイスクリームを 食べる / 아이스크림을 먹다
- ジュースを 飲む / 주스를 마시다
- 話を する / 이야기를 하다
- コーヒーを 飲む / 커피를 마시다
- 子供が 泣く / 아이가 울다
- 友達を 待つ / 친구를 기다리다
- ビールを 飲む / 맥주를 마시다

Lesson 14 | 山田さんはアマゾンを 知って いますか。

LESSON 15
妹さんは田中さんに似ていますか。
여동생은 다나카 씨를 닮았나요?

💬 Dialogue

🎧 MP3 15-1

姜： 田中さんは 何人 兄弟ですか。

田中： 私の 下に 妹が 一人 います。

姜： わあ、妹さんが いるんですか。うらやましいですね。
　　妹さんは 田中さんに 似て いますか。

田中： いいえ、あまり 似て いません。
　　私は 父に 似て いて、妹は 母に 似て います。
　　性格も 全然 違います。

姜： 妹さんの お年は？ おいくつですか。

田中： 今年 28です。

姜： 彼氏は いますか。

田中： ハハ、 彼女、もう 結婚して いますよ。

강한척： 다나카 씨는 형제가 몇 명이에요?
다나카： 제 아래로 여동생이 한 명 있어요.
강한척： 와~, 여동생이 있습니까? 부럽군요.
　　　　여동생은 다나카 씨와 닮았나요?
다나카： 아니요, 별로 안 닮았어요.
　　　　저는 아버지를 닮았고 여동생은 어머니를 닮았어요.
　　　　성격도 전혀 다르지요.

강한척： 여동생분 나이는요? 몇 살입니까?
다나카： 올해 28살입니다.
강한척： 남자친구는 있습니까?
다나카： 하하, 그녀는 벌써 결혼했어요.

🔍 **단어**

何人(なんにん) 몇 명 │ 兄弟(きょうだい) 형제 │ 下(した) 아래 │ 妹(いもうと) 여동생 │ 一人(ひとり) 한 사람 │ 妹(いもうと)さん 여동생분 │ うらやましい 부럽다 │ 似(に)る 닮다 │ あまり 별로 │ 父(ちち) 아버지, 부친 │ 母(はは) 어머니, 모친 │ 性格(せいかく) 성격 │ 〜も 〜도 │ 全然(ぜんぜん) 전혀 │ 違(ちが)う 다르다 │ お年(とし) 나이 │ おいくつですか 몇 살입니까? │ 今年(ことし) 올해 │ 彼氏(かれし) 남자친구, 애인 │ もう 벌써, 이미 │ 結婚(けっこん)する 결혼하다

GRAMMAR

1 <ruby>何人<rt>なんにん</rt></ruby> <ruby>兄弟<rt>きょうだい</rt></ruby>ですか　　　형제가 몇 명이에요?

<ruby>何人<rt>なんにん</rt></ruby> <ruby>家族<rt>かぞく</rt></ruby>ですか。

<ruby>何人<rt>なんにん</rt></ruby> <ruby>兄弟<rt>きょうだい</rt></ruby>ですか。

ご<ruby>家族<rt>かぞく</rt></ruby>は <ruby>何人<rt>なんにん</rt></ruby>ですか。

→ <ruby>四人<rt>よにん</rt></ruby> <ruby>家族<rt>かぞく</rt></ruby>です。

	자기 가족	남의 가족	자기 가족을 부를 때
할아버지	祖父(そふ)	お祖父さん(じい)	お祖父さん(じい)
할머니	祖母(そぼ)	お祖母さん(ばあ)	お祖母さん(ばあ)
아버지	父(ちち)	お父さん(とう)	お父さん(とう)
어머니	母(はは)	お母さん(かあ)	お母さん(かあ)
형・오빠	兄(あに)	お兄さん(にい)	お兄さん(にい)
누나・언니	姉(あね)	お姉さん(ねえ)	お姉さん(ねえ)
남동생	弟(おとうと)	弟さん(おとうと)	
여동생	妹(いもうと)	妹さん(いもうと)	
숙부・삼촌	叔父・伯父(おじ・おじ)	叔父さん(おじ)	叔父さん(おじ)
숙모・이모	叔母・伯母(おば・おば)	叔母さん(おば)	叔母さん(おば)
사촌	いとこ	いとこさん	
남자 조카	おい	おいごさん	
여자 조카	めい	めいごさん	
형제	兄弟(きょうだい)	ご兄弟(きょうだい)	
아들	息子(むすこ)	息子さん(むすこ)	
딸	娘(むすめ)	娘さん(むすめ)	

❷ おいくつですか。　　　몇 살이에요?

失礼ですけど、おいくつですか。
→ 今年で 29歳に なります。
→ 35です。

❸ 〜に 似ている　　　〜을/를 닮다

父に 似て います。
母に 似て います。
だれにも 似て いません。

❹ 結婚している　　　결혼한 상태

失礼ですが、結婚して いますか。
妹は もう 結婚して います。
兄は まだ 結婚して いません。

🔍 **단어**

ご家族(かぞく) 가족분 | 父(ちち) 아빠 | 母(はは) 엄마 | だれにも 누구도 | 結婚(けっこん)する 결혼하다 | 妹(いもうと) 여동생 |
もう 이미, 벌써 | 兄(あに) 형, 오빠 | まだ 아직

LET'S TALK

Ⅰ 다음 보기와 같이 연습해 보세요.　　　　　　　　🎧 MP3 15-2

보기
A: ご家族(かぞく)は 何人(なんにん)ですか。 / 何人(なんにん) 家族(かぞく)ですか。 B: 母(はは)と 父(ちち)と 私(わたし)、3人(さんにん) 家族(かぞく)です。

1　母(はは) / 父(ちち) / 3人(さんにん)

2　父(ちち) / 母(はは) / 弟(おとうと) / 4人(よにん)

3　祖父(そふ) / 祖母(そぼ) / 父(ちち) / 母(はは) / 兄(あに) / 6人(ろくにん)

4　両親(りょうしん) / 姉(あね) / 妹(いもうと) / 5人(ごにん)

🔍 단어

ご家族(かぞく) 가족분 | 何人(なんにん) 몇 명 | 母(はは) 어머니 | 父(ちち) 아버지 | 弟(おとうと) 남동생 | 祖父(そふ) 할아버지 | 祖母(そぼ) 할머니 | 兄(あに) 형, 오빠 | 両親(りょうしん) 양친, 부모님 | 姉(あね) 누나, 언니 | 妹(いもうと) 누이동생, 여동생

Ⅱ 다음 보기와 같이 연습해 보세요.

> |보기|
> A: 山田さんは だれに 似て いますか。
> B: 母に 似て います。

1 金さん / 父
2 田中さん / 兄
3 朴さん / 姉
4 中村さん / だれにも 似て いない

Ⅲ 다음 보기와 같이 연습해 보세요.

> |보기|
> A: 失礼ですが、お母さんは おいくつですか。
> B: 母は 58歳です。

1 お父さん / 父(63)
2 お兄さん / 兄(34)
3 弟さん / 弟(27)
4 妹さん / 妹(24)

EXERCISE

다음 빈칸에 알맞은 말을 넣어 보세요.

① 가족은 몇 명입니까?
　家族かぞくは _____

② 실례합니다만, 몇 살이에요?
　失礼しつれい _____

③ 야마다 씨는 누구를 닮았습니까?
　山田やまださんは _____

④ 저는 어머니를 닮았습니다.
　私わたしは _____

⑤ 남동생은 아직 결혼하지 않았습니다. (結婚けっこん)
　弟おとうとは _____

🔍 **단어**

家族(かぞく) 가족 | 失礼(しつれい) 실례 | 結婚(けっこん) 결혼

한자 연습

家 집 가
- 음독: か
- 훈독: 家(いえ), 家(うち) 집
- 획순: 丶 丶 宀 宀 宁 宇 宇 家 家

族 겨레 족
- 음독: ぞく
- 훈독: やから 일족
- 획순: 丶 亠 方 方 方 扩 扩 族 族

家族 かぞく 가족

実家 じっか 생가, 친정

民族 みんぞく 민족

외래어 연습

パパ 아빠

ママ 엄마

ペット 애완동물

FUN & TALK

 그림을 보면서 민우 씨 가족을 소개해 보세요.

ミンウさんの家族（かぞく）

お父（とう）さん 아버지	59歳（さい）	警察官（けいさつかん） 경찰관
お母（かあ）さん 어머니	55歳（さい）	小学校（しょうがっこう）の先生（せんせい） 초등학교 선생님
お兄（にい）さん 형	32歳（さい）	銀行員（ぎんこういん） 은행원
ミンウ 민우	29歳（さい）	会社員（かいしゃいん） 회사원
弟（おとうと）さん 남동생	24歳（さい）	大学生（だいがくせい） 대학생

그림을 보면서 나카무라 씨 가족을 소개해 보세요.

中村さんの家族(なかむら かぞく)

お父(とう)さん 아버지	63歳(さい)	医者(いしゃ) 의사
お母(かあ)さん 어머니	59歳(さい)	主婦(しゅふ) 주부
中村(なかむら) 나카무라	33歳(さい)	会社員(かいしゃいん) 회사원
妹(いもうと)さん 여동생	27歳(さい)	会社員(かいしゃいん) 회사원

LESSON 16

日本に行ったことがありますか。
일본에 간 적이 있나요?

💬 Dialogue

🎧 MP3 16-1

山田: ナさんは 日本に 行った ことが ありますか。

ナ: もちろんですよ。日本には 何度も 行きました。

山田: そうですか? 日本の どこに 行きましたか。

ナ: 東京、大阪、京都、名古屋、静岡、福岡、長崎、北海道、沖縄…。

山田: すごい。本当に いろんな ところに 行ったんですね。行って みた 所の 中で どこが 一番 気に 入りましたか。

ナ: 私は 北海道が 一番 良かったです。美しい 自然、すてきな 温泉、おいしい 海産物…、最高でした。

山田: そうですか。私の 故郷 四国にも 一度 遊びに 来て ください。私が 案内しますよ。

ナ: ありがとうございます。四国にも ぜひ 行って みたいです。

야마다: 민아 씨는 일본에 간 적이 있나요?
나민아: 물론이죠. 일본에는 몇 번이나 다녀왔습니다.
야마다: 그래요? 일본 어디에 갔어요?
나민아: 도쿄, 오사카, 교토, 나고야, 시즈오카, 후쿠오카, 나가사키, 홋카이도, 오키나와…….
야마다: 굉장해요. 정말 여러 곳을 가 보셨군요. 가본 곳 중에서 어디가 가장 마음에 들었습니까?
나민아: 저는 홋카이도가 제일 좋았어요. 아름다운 자연, 멋진 온천, 맛있는 해산물……, 최고였습니다.
야마다: 그래요? 제 고향 시코쿠에도 한번 놀러 오세요. 제가 안내할게요.
나민아: 감사합니다. 시코쿠에도 꼭 가 보고 싶습니다.

🔍 단어

| ~に ~에 | 行(い)く 가다 | ~た ことが ある ~한 적이 있다 | もちろん 물론 | 何度(なんど)も 몇 번이나 | どこに 어디에 | すごい 굉장하다 | いろんな 여러 | 所(ところ) 곳 | ~て みる ~해 보다 | 気(き)に 入(い)る 마음에 들다 | 美(うつく)しい 아름답다 | 自然(しぜん) 자연 | すてきだ 멋지다, 훌륭하다 | 温泉(おんせん) 온천 | 海産物(かいさんぶつ) 해산물 | 最高(さいこう)だ 최고다 | 故郷(こきょう) 고향 | 遊(あそ)びに 来(く)る 놀러 오다 | 案内(あんない)する 안내하다 | ぜひ 부디, 꼭 |

GRAMMAR

1 ～た　　　　　　　　～했다

昨日(きのう) 友達(ともだち)に 会(あ)った。
友達(ともだち)と いっしょに 遊(あそ)んだ。
一生懸命(いっしょうけんめい) 勉強(べんきょう)した。

2 ～たことがある　　　　～한 적이 있다 (경험)

有名(ゆうめい)な タレントに 会(あ)った ことが あります。
飛行機(ひこうき)に 乗(の)った ことが あります。
日本(にほん)へ 出張(しゅっちょう)に 行(い)った ことが あります。

3 ～んです　　　　～이랍니다, ～이거든요 (이유 설명, 강조)

私(わたし)の 大切(たいせつ)な 人(ひと)なんです。
日本(にほん)に 行(い)った ことが ないんです。
ここは 本当(ほんとう)に 交通(こうつう)が 便利(べんり)なんです。

단어

昨日(きのう) 어제 | いっしょに 함께 | 遊(あそ)ぶ 놀다 | 一生懸命(いっしょうけんめい) 열심히 | 勉強(べんきょう)する 공부하다 | 有名(ゆうめい)だ 유명하다 | タレント 탤런트 | 飛行機(ひこうき)に 乗(の)る 비행기를 타다 | 出張(しゅっちょう) 출장 | 大切(たいせつ)だ 소중하다 | 本当(ほんとう)に 정말로 | 交通(こうつう) 교통 | 便利(べんり)だ 편리하다

4. 동사의 과거형(た형)

	어미		
I그룹 동사 (5단 동사)	어미 く・ぐ → いた・いだ	書く 쓰다 泳ぐ 헤엄치다	→ 書いた 썼다 → 泳いだ 헤엄쳤다
	う・つ・る → った	会う 만나다 待つ 기다리다 降る (눈, 비) 내리다	→ 会った 만났다 → 待った 기다렸다 → 降った 내렸다
	ぬ・ぶ・む → んだ	死ぬ 죽다 遊ぶ 놀다 飲む 마시다	→ 死んだ 죽었다 → 遊んだ 놀았다 → 飲んだ 마셨다
	す → した	話す 이야기하다	→ 話した 이야기했다
	예외	行く 가다	→ 行った 갔다
II그룹 동사 (상하1단 동사)	어간 + た	見る 보다 起きる 일어나다 食べる 먹다 忘れる 잊다	→ 見た 봤다 → 起きた 일어났다 → 食べた 먹었다 → 忘れた 잊었다
III그룹 동사 (불규칙 동사)		来る 오다 する 하다	→ 来た 왔다 → した 했다

GRAMMAR

5 형용사의 과거형

い형용사	어간 + かった	面白い 재미있다 → 面白かった 재미있었다 → 面白かったです 재미있었습니다 面白くない 재미있지 않다 → 面白くなかった 재미있지 않았다 → 面白くなかったです 재미있지 않았습니다 良い 좋다 → 良かった 좋았다 → 良かったです 좋았습니다 良くない 좋지 않다 → 良くなかった 좋지 않았다 → 良くなかったです 좋지 않았습니다
な형용사	어간 + だった	賑やかだ 번화하다 → 賑やかだった 번화했다 → 賑やかでした 번화했습니다 賑やかでは[じゃ]ない 번화하지 않다 → 賑やかでは[じゃ]なかった 번화하지 않았다 → 賑やかでは[じゃ]なかったです[じゃありませんせした] 번화하지 않았습니다 真面目だ 성실하다 → 真面目だった 성실했다 → 真面目でした 성실했습니다 真面目ではない 성실하지 않다 → 真面目では[じゃ]なかった 성실하지 않았다 → 真面目では[じゃ]なかったです[じゃありませんせした] 성실하지 않았습니다

LET'S TALK

Ⅰ 다음 보기와 같이 연습해 보세요.

MP3 16-2

| 보기 |
A: 日本に 行った ことが ありますか。
B: はい、行った ことが あります。
   いいえ、行った ことが ありません。

1 日本の ドラマを 見る

2 納豆を 食べる

3 病院に 入院する

4 カンニングする

5 電車の 中で 居眠りする

🔎 **단어**

ドラマ 드라마 | **納豆**(なっとう) 낫토(일본생청국장) | **食**(た)**べる** 먹다 | **病院**(びょういん) 병원 | **入院**(にゅういん)**する** 입원하다 | **カンニング** 커닝 | **電車**(でんしゃ) 전철 | **居眠**(いねむ)**りする** (앉아서) 깜박 졸다

LET'S TALK

II 다음 보기와 같이 연습해 보세요.

> |보기|
> A: キムチを 作った ことが ありますか。
> B: いいえ、キムチを 作った ことは ありませんが、
> キムチチゲを 作った ことは あります。

1. 飛行機に 乗る(×) /
   船に 乗る(○)

2. 東京に 行く(×) /
   大阪に 行く(○)

3. 日本人と デートする(×) /
   インターネットで チャットする(○)

4. 授業に 欠席する(×) /
   遅刻する(○)

5. 焼酎を 飲む(×) /
   ビールを 飲む(○)

キムチ 김치 | 作(つく)る 만들다 | キムチチゲ 김치찌개 | 飛行機(ひこうき) 비행기 | 乗(の)る 타다 | 船(ふね) 배 | 東京(とうきょう) 도쿄 | 行(い)く 가다 | 大阪(おおさか) 오사카 | デート 데이트 | インターネット 인터넷 | チャット 채팅 | 授業(じゅぎょう) 수업 | 欠席(けっせき) 결석 | 遅刻(ちこく) 지각 | 焼酎(しょうちゅう) 소주 | 飲(の)む 마시다 | ビール 맥주

Ⅲ 다음 보기와 같이 연습해 보세요.

> |보기|
> A: 学生時代、真面目でしたか。
> B: はい、真面目でした。
> 　　いいえ、真面目じゃありませんでした。

1. 旅行 / 楽しい / はい

2. 料理 / おいしい / はい

3. 景色 / きれいだ / はい

4. 店員 / 親切だ / いいえ

5. 交通 / 便利だ / いいえ

🔍 **단어**

学生時代(がくせいじだい) 학창 시절 | 真面目(まじめ)だ 성실하다 | 旅行(りょこう) 여행 | 楽(たの)しい 즐겁다 | 料理(りょうり) 요리 |
おいしい 맛있다 | 景色(けしき) 경치 | きれいだ 예쁘다 | 店員(てんいん) 점원 | 親切(しんせつ)だ 친절하다 | 交通(こうつう) 교통 |
便利(べんり)だ 편리하다

EXERCISE

다음 빈칸에 알맞은 말을 넣어 보세요.

① 일본 소설을 읽은 적이 있습니다. (日本の 小説を 読む)

日本の 小説 _____

② 입학 시험에 떨어진 적이 있습니다. (入学試験に 落ちる)

入学試験 _____

③ 중요한 약속을 잊은 적이 있습니다. (約束を 忘れる)

重要な _____

④ 한 번도 일본에 간 적이 없습니다. (日本に 行く)

一度も _____

⑤ 한 번도 결석한 적이 없습니다. (欠席する)

一度も _____

단어

小説(しょうせつ)を 読(よ)む 소설을 읽다 | 入学試験(にゅうがくしけん) 입학 시험 | 落(お)ちる 떨어지다 | 重要(じゅうよう)だ 중요하다 | 約束(やくそく) 약속 | 忘(わす)れる 잊다 | 一度(いちど)も 한 번도 | 欠席(けっせき)する 결석하다

한자 연습

読 읽을 독
- 음독: どく
- 훈독: 読(よ)む 읽다
- 필순: 亠 言 言 訁 訁 訂 読 読 読

書 쓸 서
- 음독: しょ
- 훈독: 書(か)く 쓰다
- 필순: 一 フ ユ ヨ 聿 聿 書 書 書

読書 どくしょ 독서

購読 こうどく 구독

書類 しょるい 서류

외래어 연습

タレント 탤런트

チケット 티켓

チャット 채팅

FUN & TALK

다음 그림을 보면서 자신의 경험을 이야기해 보세요.

～た ことが ありますか。

100点を取る
100점을 받다

賞を受ける
상을 받다

叱られる
야단맞다

アイドルのファンになる
아이돌의 팬이 되다

日本へ旅行に行く
일본에 여행 가다

料理を作る
요리를 만들다

サインをもらう
사인을 받다

お酒に酔う
술 취하다

失恋する
실연당하다

ダイエットする
다이어트하다

日本の料理を食べる
일본 음식을 먹다

日本の映画を見る
일본 영화를 보다

バンジージャンプをする
번지점프를 하다

マラソンをする
마라톤을 하다

インラインスケートをする
인라인스케이트를 타다

ゴルフをする
골프를 하다

(競技場で) サッカーを見る
(경기장에서) 축구를 보다

入院する
입원하다

LESSON 17
あまり詳(くわ)しく聞(き)かないでください。
너무 자세하게 묻지 마세요.

표현 익히기 동사의 부정형 / 금지 표현 〜ないで ください

💬 Dialogue

🎧 MP3 17-1

山田： 今日の プレゼンテーション すばらしかったですよ。
　　　相当 時間が かかったでしょうね。

ナ： いいえ、AIの おかげで そんなに 時間かかりませんでした。

山田： そうですか? どんな AIを 使いましたか。
　　　ちょっと 具体的に 教えて ください。

ナ： すみません。あまり 詳しく 聞かないで ください。
　　　私も まだ 勉強中ですから。

山田： あ、ごめんなさい。
　　　これからは 私も AIに 直接 聞きます。

ナ： 応援しますよ。
　　　AIの おかげで いろいろと 助かりますね。

야마다: 오늘 프레젠테이션 멋졌어요.
　　　　시간이 상당히 걸렸겠어요.
나미아: 아니요. AI 덕분에 시간이 많이 걸리진 않았어요.
야마다: 그래요? 어떤 AI를 사용했나요?
　　　　구체적으로 가르쳐 주세요.
나미아: 죄송합니다. 너무 자세하게 묻지 마세요.
　　　　저도 아직 공부하는 중이어서요.
야마다: 아, 미안해요. 이제부터는 저도 AI에게 직접 물어볼게요.
나미아: 응원할게요.
　　　　AI 덕분에 여러모로 편해지네요.

🔍 단어

今日(きょう) 오늘 | プレゼンテーション 프레젠테이션 | すばらしい 훌륭하다, 멋지다 | 相当(そうとう) 상당히, 꽤 | 時間(じかん) 시간 | かかる 걸리다 | 〜でしょう 〜겠지요 | おかげで 덕분에 | そんなに 그렇게 | どんな 어떤 | 使(つか)う 사용하다 | 具体的(ぐたいてき)に 구체적으로 | 教(おし)える 가르치다 | すみません 죄송합니다 | あまり 너무 | 詳(くわ)しく 자세히 | 聞(き)く 묻다, 듣다 | 〜ないでください 〜말아 주세요 | 勉強(べんきょう) 공부 | 〜中(ちゅう) 〜중 | 〜から 〜이니까 | ごめんなさい 미안합니다 | これから 이제부터 | 直接(ちょくせつ) 직접 | 応援(おうえん) 응원 | いろいろと 여러 가지로 | 助(たす)かる 도움이 되다, 편해지다

GRAMMAR

1 ～ない　　　　　　　　　　　～(하)지 않다

明日は 学校に 行かない。
少しも 休まない。
アルバイトは しない。

2 ～ないで ください　　　　　～(하)지 마세요, ～(하)지 말아 주세요

お酒を 飲まないで ください。
約束を 忘れないで ください。
欠席しないで ください。

3 ～中ですから　　　　　　　～중이니까

授業中ですから、静かに して ください。
仕事中ですから、後で 連絡します。
掃除中ですから、入って こないで ください。

4 동사의 부정형(ない형)

Ⅰ그룹 동사 **(5단 동사)**	어미 う단 → あ단 + ない	行く 가다 話す 이야기하다 待つ 기다리다 死ぬ 죽다 遊ぶ 놀다 読む 읽다 降る (눈, 비) 내리다	➡ 行かない 가지 않다 ➡ 話さない 이야기하지 않다 ➡ 待たない 기다리지 않다 ➡ 死なない 죽지 않다 ➡ 遊ばない 놀지 않다 ➡ 読まない 읽지 않다 ➡ 降らない 내리지 않다
	예외	～う → ～わない 예) 会う 만나다	➡ 会わない 만나지 않다
Ⅱ그룹 동사 **(상하1단 동사)**	어간 + ない	見る 보다 起きる 일어나다 食べる 먹다 寝る 자다	➡ 見ない 보지 않다 ➡ 起きない 일어나지 않다 ➡ 食べない 먹지 않다 ➡ 寝ない 자지 않다
Ⅲ그룹 동사 **(불규칙 동사)**		来る 오다 する 하다	➡ 来ない 오지 않다 ➡ しない 하지 않다

🔎 단어

明日(あした) 내일 | 学校(がっこう) 학교 | 少(すこ)しも 조금도 | 休(やす)む 쉬다 | アルバイト 아르바이트 | お酒(さけ) 술 | 約束(やくそく) 약속 | 忘(わす)れる 잊다 | 欠席(けっせき)する 결석하다 | 授業(じゅぎょう) 수업 | ～中(ちゅう) ~중 | ～ですから ~이니까 | 静(しずか)だ 조용하다 | 仕事(しごと) 업무, 일 | 後(あと)で 나중에 | 連絡(れんらく) 연락 | 掃除(そうじ) 청소 | 入(はい)ってくる 들어오다

GRAMMAR

각 품사의 부정형(ない형)

1. 명사 + ～では[じゃ]ない

学生(がくせい)では[じゃ]ない。　　학생이 아니다.
恋人(こいびと)では[じゃ]ない。　　애인이 아니다.

2. い형용사 어간 + ～くない

難(むずか)しくない。　　어렵지 않다.
安(やす)くない。　　싸지 않다.

3. な형용사(형용동사) 어간 + ～では[じゃ]ない

有名(ゆうめい)では[じゃ]ない。　　유명하지 않다.
静(しず)かでは[じゃ]ない。　　조용하지 않다.

교육 관련

幼稚園(ようちえん) 유치원　　　　幼稚園児(ようちえんじ) 유치원생
小学校(しょうがっこう) 초등학교　　小学生(しょうがくせい) 초등학생
中学校(ちゅうがっこう) 중학교　　中学生(ちゅうがくせい) 중학생
高等学校(こうとうがっこう) 고등학교　高校生(こうこうせい) 고등학생
大学(だいがく) 대학교　　　　　　大学生(だいがくせい) 대학생
大学院(だいがくいん) 대학원　　　大学院生(だいがくいんせい) 대학원생

LET'S TALK

I 다음 보기와 같이 연습해 보세요.　　　　　　　　　　　　MP3 17-2

| 보기 | 会う → 会わない |

1 行く　　　　　　2 話す　　　　　　3 吸う
4 見る　　　　　　5 来る　　　　　　6 する

II 다음 보기와 같이 연습해 보세요.

| 보기 |
A: お願いが あるんですけど。
B: え、何ですか。
A: 禁煙室ですから、ここで タバコを 吸わないでください。

1
図書館 / ここで 寝る

2
これは 秘密 / 他の 人に 話す

3
きれいな 公園 / ゴミを 捨てる

4
寒い / 窓を 開ける

🔍 **단어**

吸(す)う 피우다 | お願(ねが)い 부탁 | ～けど ～지만 | 喫煙室(きつえんしつ) 금연실 | タバコ 담배 | 図書館(としょかん) 도서관 | 寝(ね)る 자다 | 秘密(ひみつ) 비밀 | 他(ほか)の人(ひと) 다른 사람 | きれいだ 예쁘다, 깨끗하다 | 公園(こうえん) 공원 | ゴミを捨(す)てる 쓰레기를 버리다 | 寒(さむ)い 춥다 | 窓(まど) 창문 | 開(あ)ける 열다

LET'S TALK

Ⅲ 다음 보기와 같이 연습해 보세요.

| 보기 |
A: すみません。
B: え、何ですか。
A: 試験中ですから、隣の人と話さないでください。

1

食事中 / スマホを 見る

2

授業中 / いたずらを する

3

運転中 / お酒を 飲む

4

会議中 / 雑談を する

5

仕事中 / ショッピングを する

🔍 단어

試験(しけん) 시험 | ~中(ちゅう) ~중 | 隣(となり) 옆, 이웃 | 人(ひと) 사람 | 話(はな)す 이야기하다 | 食事(しょくじ) 식사 | スマホ 스마트폰 | 見(み)る 보다 | 授業(じゅぎょう) 수업 | いたずらをする 장난치다 | 運転(うんてん) 운전 | お酒(さけ) 술 | 飲(の)む 마시다 | 会議(かいぎ) 회의 | 雑談(ざつだん) 잡담 | 仕事(しごと) 업무, 일 | ショッピング 쇼핑

EXERCISE

다음 빈칸에 알맞은 말을 넣어 보세요.

① 거짓말을 하지 마세요. (うそをつく)

　　うそ _____

② 여기에서 사진을 찍지 마세요. (写真を撮る)

　　ここで _____

③ 여기에 차를 세우지 마세요. (車を止める)

　　ここに _____

④ 수업에 늦지 마세요. (授業に遅れる)

　　授業に _____

⑤ 너무 무리하지 마세요. (無理する)

　　あまり _____

🔍 단어

うそをつく 거짓말을 하다 | 写真(しゃしん) 사진 | 撮(と)る 찍다 | 車(くるま) 차 | 止(と)める 세우다 | 遅(おく)れる 늦다 | 無理(むり)する 무리하다

EXERCISE

한자 연습

禁 금할 금
- 음독: きん
- 훈독: 禁(きん)じる 금하다
- 획순: 一 十 木 林 林 埜 埜 禁 禁

止 그칠 지
- 음독: し
- 훈독: 止(と)める 멈추다 / 止(や)める 그만두다
- 획순: 丨 卜 止 止

禁止 きんし 금지

禁煙 きんえん 금연

停止 ていし 정지

외래어 연습

タバコ 담배

パソコン 컴퓨터

サービス 서비스

FUN & TALK

여러분들이 에티켓 없는 이 사람들 말려 주세요.

すみません。～ないでください。

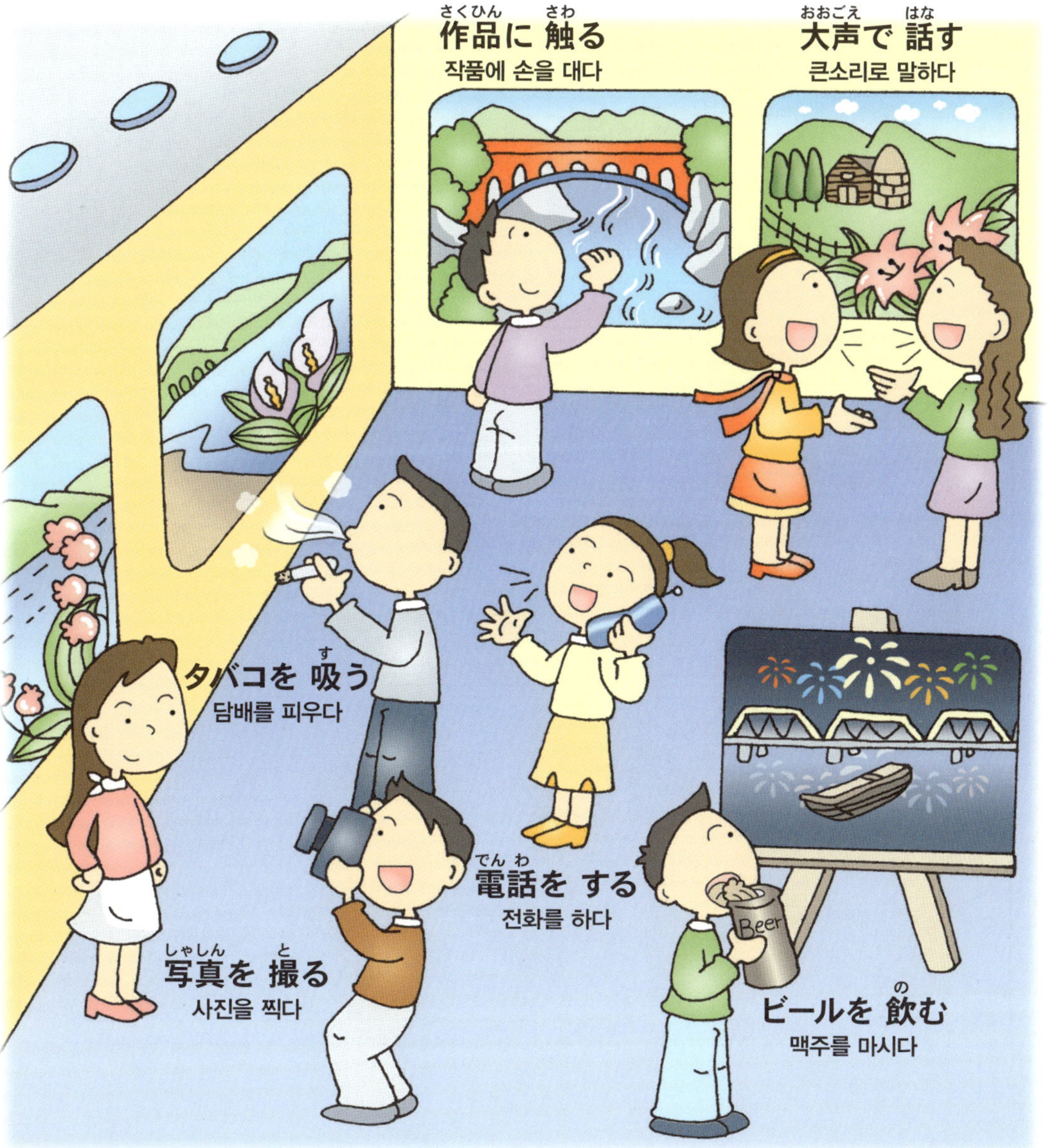

作品に 触る
작품에 손을 대다

大声で 話す
큰소리로 말하다

タバコを 吸う
담배를 피우다

電話を する
전화를 하다

写真を 撮る
사진을 찍다

ビールを 飲む
맥주를 마시다

LESSON 18

会社を辞めないほうがいいですよ。
회사를 그만두지 않는 편이 좋아요.

💬 Dialogue

🎧 MP3 18-1

姜：田中さん、ちょっと 悩みが あるんですけど…。

田中：え、何ですか。

姜：この頃 会社を 辞めたくて…。

田中：どうしてですか。

姜：仕事は きついし、給料は 少ないし…。

田中：でも 簡単に 会社を 辞めないほうが いいですよ。
もっと 考えて 決めたほうが いいと 思います。

姜：この頃 意欲も ないし…。
そろそろ 転職を 考えたほうが…。

田中：じゃ、今晩 居酒屋で 一杯 どうですか。

姜：いいですね。禁酒は 明日から。

강한척: 다나카 씨, 좀 고민이 있는데요.
다나카: 네? 뭔데요?
강한척: 요즘 회사를 그만두고 싶어서…….
다나카: 왜 그러세요?
강한척: 일은 힘들고, 급료는 적고…….
다나카: 하지만 간단히 회사를 그만두지 않는 편이 좋아요. 좀 더 생각하고 결정하는 편이 좋을 것 같아요.
강한척: 요즘 의욕도 없고……. 슬슬 이직을 생각하는 편이…….
다나카: 그럼, 오늘 저녁 선술집에서 한잔 어때요?
강한척: 좋죠. 금주는 내일부터.

🔍 단어

悩(なや)み 고민 | ある 있다 | ~けど ~(하)지만 | この頃(ごろ) 요즘 | 辞(や)める 그만두다 | ~たい ~하고 싶다 | どうして 어째서, 왜 | 仕事(しごと) 업무, 일 | きつい 힘들다 | ~し ~하고 | 給料(きゅうりょう) 급료 | 少(すく)ない 적다 | でも 하지만 | 簡単(かんたん)に 간단히 | もっと 좀 더 | 考(かんが)える 생각하다 | 決(き)める 결정하다 | 意欲(いよく) 의욕 | ない 없다 | そろそろ 슬슬 | 転職(てんしょく) 이직 | 今晩(こんばん) 오늘 밤, 오늘 저녁 | 居酒屋(いざかや) 선술집 | ~で ~에서 | 一杯(いっぱい) 한잔 | どうですか 어떻습니까? | 禁酒(きんしゅ) 금주 | 明日(あした) 내일 | ~から ~부터

GRAMMAR

1 　**～ないほうがいい**　　～(하)지 않는 편이 좋다
: 동사의 부정형(ない형)＋ほうが いい

タバコは 吸(す)わないほうが いいです。
あの 映画(えいが)は 見(み)ないほうが いいです。
あまり 無理(むり)しないほうが いいです。

2　**～と思(おも)います**　　～라고 생각합니다

毎日(まいにち) こつこつ 勉強(べんきょう)したほうが いいと 思(おも)います。
恋人(こいびと)には 話(はな)さないほうが いいと 思(おも)います。
なるべく 欠席(けっせき)は しないほうが いいと 思(おも)います。

 단어

タバコ 담배 ｜ 吸(す)う 피우다 ｜ 映画(えいが) 영화 ｜ 無理(むり)する 무리하다 ｜ 毎日(まいにち) 매일 ｜ こつこつ 차근차근 ｜ 勉強(べんきょう) 공부 ｜ 思(おも)う 생각하다 ｜ 恋人(こいびと) 연인 ｜ ～には ～에게는 ｜ 話(はな)す 말하다 ｜ なるべく 가능한 한 ｜ 欠席(けっせき) 결석

❸ 〜たほうがいい　　〜(하)는 편이 좋다
: 동사의 과거형(た형)＋ほうがいい

バスより 地下鉄に 乗ったほうが いいです。
朝 早く 起きたほうが いいです。
毎日 規則的に 運動したほうが いいです。

❹ 〜てしまう[〜ちゃう]　　〜(하)고 말다, 〜해 버리다
　〜でしまう[〜じゃう]

忘れちゃいました。（= てしまいました）
死んじゃいました。（= でしまいました）
遅刻しちゃったんです。（= てしまいました）

バス 버스 ｜ 〜より 〜보다 ｜ 地下鉄(ちかてつ)に乗(の)る 지하철을 타다 ｜ 朝(あさ) 아침 ｜ 早(はや)く 일찍 ｜ 起(お)きる 일어나다 ｜
規則的(きそくてき) 규칙적 ｜ 運動(うんどう)する 운동하다 ｜ 忘(わす)れる 잊다 ｜ 死(し)ぬ 죽다 ｜ 遅刻(ちこく)する 지각하다

LET'S TALK

I 다음 보기와 같이 연습해 보세요.　　　🎧 MP3 18-2

|보기|
A: 結婚したほうが いいですか。しないほうが いいですか。
B: そうですね。私は 結婚したほうが いいと 思います。
　　そうですね。私は 結婚しないほうが いいと 思います。

1

留学に 行く

2

お酒を 飲む

3

就職する

4

かさを 持って いく

5

タクシーに 乗る

단어

結婚(けっこん)する 결혼하다 | 留学(りゅうがく) 유학 | 就職(しゅうしょく)する 취직하다 | かさ 우산 | 持(も)つ 가지다 | タクシーに乗(の)る 택시를 타다

Ⅱ 다음 보기와 같이 연습해 보세요.

> |보기|
> A: 頭が 痛いんですけど。
> B: そうですか。
> 薬を 飲んだほうがいいですよ。

1 熱が あります / 今日は 運動を 休む
2 恋人と けんかした / 仲直りする
3 友達が 入院した / 早く お見舞いに 行く
4 疲れて 何も したくない / あまり 無理しない

Ⅲ 다음 보기와 같이 연습해 보세요.

> |보기|
> A: どうしたんですか。
> B: 大事な お皿を わっちゃったんです。

1 会議に 遅れる
2 財布を 忘れる
3 試験に 落ちる
4 赤字になる

단어

頭(あたま) 머리 | 痛(いた)い 아프다 | 薬(くすり)を飲(の)む 약을 먹다 | 熱(ねつ)がある 열이 있다 | けんかする 다투다 | 仲直(なかなお)り 화해 | 入院(にゅういん) 입원 | 早(はや)く 빨리 | お見舞(みま)い 병문안 | 疲(つか)れる 피곤하다 | 何(なに)も 아무것도 | 無理(むり)する 무리하다 | 大事(だいじ)だ 중요하다 | お皿(さら) 접시 | わる 깨다 | 遅(おく)れる 늦다 | 財布(さいふ) 지갑 | 忘(わす)れる 잊다, 잃다 | 試験(しけん)に落(お)ちる 시험에 떨어지다 | 赤字(あかじ)になる 적자가 되다

EXERCISE

다음 빈칸에 알맞은 말을 넣어 보세요.

❶ 약을 먹고 푹 쉬는 편이 좋습니다. (薬を飲む / ゆっくり休む)

　　薬を _____、_____

❷ 운전면허를 따는 편이 좋습니다. (運転免許を取る)

　　運転免許を _____

❸ 무리한 다이어트는 하지 않는 편이 좋습니다. (ダイエット)

　　無理な _____

❹ 너무 기대하지 않는 편이 좋다고 생각합니다. (期待する)

　　あまり _____

❺ 중요한 약속을 잊어버리고 말았습니다. (約束 / 忘れる)

　　重要な _____

 단어

薬(くすり)を飲(の)む 약을 먹다 | ゆっくり 천천히, 푹 | 休(やす)む 쉬다 | 運転免許(うんてんめんきょ) 운전면허 | 取(と)る 취득하다, 잡다 | 無理(むり)だ 무리이다 | ダイエット 다이어트 | あまり 너무, 그다지 | 期待(きたい)する 기대하다 | 重要(じゅうよう)だ 중요하다 | 約束(やくそく) 약속 | 忘(わす)れる 잊다

한자 연습

運 읽을 독
- 음독: うん
- 훈독: 運(はこ)ぶ 운반하다
- 획순: ノ 冖 冖 冃 冒 冒 軍 軍 運

運 運 運 運 運 運

転 구를 전
- 음독: てん
- 훈독: 転(ころ)ぶ 넘어지다
- 획순: 一 гг 百 車 車 軒 転 転

転 転 転 転 転 転

運転 운전 (うん・てん)

運転 運転 運転 運転 運転 運転

運送 운송 (うん・そう)

運送 運送 運送 運送 運送 運送

移転 이전 (い・てん)

移転 移転 移転 移転 移転 移転

외래어 연습

コピー 복사

| コピー | コピー | コピー | コピー |

ファックス 팩스

| ファックス | ファックス | ファックス | ファックス |

プリンター 프린터

| プリンター | プリンター | プリンター | プリンター |

FUN & TALK

다음 그림을 보면서 이야기해 보세요.

~したほうが いいです。
~しないほうが いいです。

きょうしつ　　　　　　す
教室で タバコを 吸う
교실에서 담배를 피우다

よるおそ　　　　ざんぎょう
夜遅くまで 残業する
밤늦게까지 야근하다

いっしょうけんめい べんきょう
一生懸命 勉強する
열심히 공부하다

まいにち さん ぽ
毎日 散歩する
매일 산책하다

一人で 旅行に 行く
혼자서 여행 가다

酔うまで お酒を 飲む
취할 때까지 술을 마시다

道ばたに ゴミを 捨てる
길가에 쓰레기를 버리다

隣の 人に 迷惑を かける
옆 사람에게 피해를 주다

バスの 中で 大声で 話す
버스 안에서 큰 소리로 말하다

試験中に カンニングする
시험 중에 커닝하다

うきうき
우 키 우 키 일 본 어
해석 및 정답

LESSON 01
私は会社員です。

GRAMMAR

1 **～は…です** ~은/는 …입니다
   私は学生です。 저는 학생입니다.
   彼女は会社員です。 그녀는 회사원입니다.
   彼は日本人です。 그는 일본인입니다.

2 **～では[じゃ]ありません** ~이/가 …아닙니다
   学生では[じゃ]ありません。 학생이 아닙니다.
   会社員では[じゃ]ありません。 회사원이 아닙니다.
   日本人では[じゃ]ありません。 일본인이 아닙니다.

3 **～ですか** ~입니까?
   学生ですか。 학생입니까?
   会社員ですか。 회사원입니까?
   中国人ですか。 중국인입니까?

4 **はい/いいえ** 예/아니요
   はい、学生です。 네, 학생입니다.
   はい、会社員です。 네, 회사원입니다.
   いいえ、中国人ではありません。
   아니요, 중국인이 아닙니다.

LESSON 02
それはだれの本ですか。

GRAMMAR

1 **これ/それ/あれ/どれ** 이것/그것/저것/어느 것
   これは本です。 이것은 책입니다.
   それはかばんです。 그것은 가방입니다.
   あれはつくえです。 저것은 책상입니다.

2 **この/その/あの/どの** 이/그/저/어느
   この本 이 책
   そのボールペン 그 볼펜
   あのかばん 저 가방
   どの車 어느 자동차

3 **～の** ~의, ~의 것
   ❶ 私の本 나의 책
      先生のめがね 선생님의 안경
   ❷ 私の 나의 것
      先生の 선생님의 것
   ❸ 日本語の本 일본어 책
      中国の会社 중국 회사

4 **～と** ~와/과
   先生と学生 선생님과 학생
   韓国人と日本人 한국인과 일본인
   本とノート 책과 노트

5 **～も** ~도
   私も学生です。 저도 학생입니다.
   これも私のです。 이것도 제 것입니다.
   彼女も先生です。 그녀도 선생님입니다.

LESSON 03
会社は何時から何時までですか。

GRAMMAR

1 何時ですか 몇 시입니까?

今何時ですか。 지금 몇 시입니까?
→ 一時です。 1시입니다.
→ 12時半です。 12시 반입니다.

2 ～から…まで ~부터 …까지

病院は何時から何時までですか。
병원은 몇 시부터 몇 시까지입니까?

アルバイトは朝9時から午後6時までです。
아르바이트는 아침 9시부터 오후 6시까지입니다.

3 ～が ~만, ~이/가

❶ すみませんが。/ 失礼ですが。
죄송합니다만. / 실례입니다만.

韓国人ですが。 한국인입니다만.

❷ これが私のです。 이것이 제 것입니다.

あの人が山田さんです。 저 사람이 야마다 씨입니다.

LESSON 04
てんぷらうどん2つとおにぎり1つください。

GRAMMAR

1 いくらですか 얼마입니까?

コーヒーはいくらですか。 커피는 얼마입니까?
うどんはいくらですか。 우동은 얼마입니까?
この時計はいくらですか。 이 시계는 얼마입니까?

2 ～(を)ください ~(을/를) 주세요

お水(を)ください。 물(을) 주세요.
コーヒー(を)ください。 커피(를) 주세요.
おにぎり(を)ください。 주먹밥(을) 주세요.

3 ～で ~해서, ~에/~이고

❶ 2つで1,000ウォンです。 2개에 1,000원입니다.
全部でいくらですか。 전부 해서 얼마입니까?

❷ これはケータイで、それはカメラです。
이것은 휴대전화이고, 그것은 카메라입니다.

私は韓国人で、山田さんは日本人です。
저는 한국인이고, 야마다 씨는 일본인입니다.

LESSON 05
お誕生日はいつですか。

GRAMMAR

1 いつですか 언제입니까?

お誕生日はいつですか。 생일은 언제입니까?
休みはいつですか。 휴일은 언제입니까?

2 ～じゃありませんか ~(이)지 않습니까?, ~이/가 아니에요?

山田さんじゃありませんか。 야마다 씨 아니에요?
日本語の先生じゃありませんか。
일본어 선생님 아니에요?

3 ～ですね ~이군요, ~이네요

明日は金さんのお誕生日ですね。
내일은 김 씨의 생일이군요.

もう春ですね。 이제 봄이네요.

4 生まれ ~생, 태생, 출생

彼女は96年生まれです。 그녀는 96년생입니다.
ナさんはソウル生まれです。 나씨는 서울 출생입니다.

LESSON 06
日本語は易しくて面白いです。

GRAMMAR

1 **い형용사** 기본형이 ~い로 끝나는 형용사

1. い형용사의 기본형 + ~です

山田さんの会社は大きいです。
야마다 씨의 회사는 큽니다.
日本語の勉強は面白いです。
일본어 공부는 재미있습니다.
今日は天気がいいです。 오늘은 날씨가 좋습니다.

2. い형용사의 어간 + ~くないです/~くありません

私の部屋はあまり広くないです。
(=広くありません) 제 방은 별로 넓지 않습니다.
日本語は難しくないです。
(=難しくありません) 일본어는 어렵지 않습니다.
今日は暑くないです。(=暑くありません)
오늘은 덥지 않습니다.

3. い형용사의 기본형 + 명사

熱いコーヒー 뜨거운 커피
冷たいビール 차가운 맥주
辛いキムチ 매운 김치

4. い형용사의 어간 + ~くて

❶ 易しくて面白い日本語 쉽고 재미있는 일본어
  大きくて高い車 크고 비싼 자동차
  熱いコーヒー 뜨거운 커피
  冷たいビール 차가운 맥주
❷ 漢字が難しくて、大変です。
  한자가 어려워서 힘듭니다.
  駅が近くて、いいです。 역이 가까워서 좋습니다.

2 **~よ** 뜻은 없이 어미 뒤에 붙어 강조

このケーキはとてもおいしいですよ。
이 케이크는 매우 맛있어요.
今日は本当に寒いですよ。 오늘은 정말 추워요.
日本語の先生はとても面白いですよ。
일본어 선생님은 매우 재미있어요.

LESSON 07
すてきな都市です。

GRAMMAR

1 **な형용사(형용동사)** 기본형이 ~だ로 끝나는 형용사

1. な형용사의 어간 + ~です

この町は有名です。 이 마을은 유명합니다.
先生は親切です。 선생님은 친절합니다.
事務室は静かです。 사무실은 조용합니다.

2. な형용사의 어간 + ~では[じゃ]ありません/~では[じゃ]ないです

金さんの会社はあまり有名[じゃ]では
ありません。 김 씨의 회사는 별로 유명하지 않습니다.
彼女は親切では[じゃ]ありません。
그녀는 친절하지 않습니다.
教室は静かでは[じゃ]ありません。
교실은 조용하지 않습니다.

3. な형용사의 어간 + な + 명사

元気な子供 건강한 아이
有名な会社 유명한 회사
賑やかな町 번화한 마을

4. な형용사의 어간 + ~で

❶ 静かできれいな公園 조용하고 깨끗한 공원
  賑やかで有名な町 번화하고 유명한 마을

❷ この漢字は簡単で、いいです。
이 한자는 간단해서 좋습니다.
この車は丈夫で、安心です。
이 차는 튼튼해서 안심이 됩니다.

2 〜から   〜때문에, 〜(하)니까

あの店がどうしていいですか。
저 가게가 왜 좋습니까?
→ 交通が便利ですから。   교통이 편리하니까요.
→ 店員が親切ですから。   점원이 친절하니까요.
→ 料理が安くておいしいですから。
요리가 싸고 맛있으니까요.

LESSON 08
どんな音楽が好きですか。

GRAMMAR

1 〜が好きです   〜을/를 좋아합니다

音楽が好きです。 음악을 좋아합니다.
料理が上手です。 요리를 잘합니다.
スポーツが下手です。 스포츠를 못합니다.

2 どんな〜が好きですか   어떤 〜을/를 좋아하세요?

どんな音楽が好きですか。 어떤 음악을 좋아하세요?
どんな料理が上手ですか。 어떤 요리를 잘하세요?
どんなスポーツが好きですか。
어떤 스포츠를 좋아하세요?

3 비교구문

1. AとBとどちらが〜ですか

海と山とどちらが好きですか。
바다와 산 중에서 어느 쪽을 (더) 좋아하세요?
東京とソウルとどちらが寒いですか。
도쿄와 서울 중에서 어느 쪽이 (더) 춥습니까?

2. AよりBのほうが〜です

山より海のほうが好きです。
산보다 바다를 (더) 좋아합니다.
東京よりソウルのほうが寒いです。
도쿄보다 서울이 (더) 춥습니다.

4 최상급구문
1. 一番

一番有名です。 가장 유명합니다.
一番好きです。 가장 좋아합니다.
一番上手です。 가장 잘합니다.

2. 〜の中で

ソウルの町の中で一番有名です。
서울의 마을 중에서 가장 유명합니다.
季節の中で秋が一番好きです。
계절 중에서 가을을 가장 좋아합니다.
外国語の中で、日本語が一番上手です。
외국어 중에서 일본어를 가장 잘합니다.

3. 何/いつ/だれ/どこ/どれ

料理の中で何が一番好きですか。
요리 중에서 무엇을 가장 좋아합니까?
季節の中でいつが一番好きですか。
계절 중에서 언제를 가장 좋아합니까?
歌手の中でだれが一番好きですか。
가수 중에서 누구를 가장 좋아합니까?
町の中でどこが一番賑やかですか。
마을 중에서 어디가 가장 번화합니까?
りんごとみかんとなしの中でどれが一番好きですか。 사과, 귤, 배 중에서 어느 것을 가장 좋아합니까?

LESSON 09
クラスに学生は何人いますか。

GRAMMAR

1 あります/ありません 있습니다 / 없습니다 (무생물, 식물)

机といすがあります。　책상과 의자가 있습니다.

木や花があります。　나무와 꽃이 있습니다.

現金はありません。　현금은 없습니다.

2 います/いません 있습니다 / 없습니다 (생물: 사람, 동물)

先生がいます。　선생님이 있습니다.

犬がいます。　강아지가 있습니다.

恋人はいません。　연인은 없습니다.

3 ～にあります/います ~에있습니다

会社は駅のそばにあります。
회사는 역 근처에 있습니다.

本は机の上にあります。　책은 책상 위에 있습니다.

先生は教室の中にいます。
선생님은 교실 안에 있습니다.

猫はテーブルの下にいます。
고양이는 테이블 아래에 있습니다.

4 どこにありますか/いますか 어디에 있습니까?

会社はどこにありますか。
회사는 어디에 있습니까?

本はどこにありますか。　책은 어디에 있습니까?

先生はどこにいますか。　선생님은 어디에 있습니까?

猫はどこにいますか。　고양이는 어디에 있습니까?

LESSON 10
暇な時、何をしますか。

GRAMMAR

3 ～ます ~(합)니다

会社へ行きます。　회사에 갑니다.

ご飯を食べます。　밥을 먹습니다.

勉強をします。　공부를 합니다.

4 ～ません ~(하)지않습니다

会社へ行きません。　회사에 가지 않습니다.

ご飯を食べません。　밥을 먹지 않습니다.

勉強をしません。　공부를 하지 않습니다.

5 ～ました ~(했)습니다

友達に会いました。　친구를 만났습니다.

映画を見ました。　영화를 보았습니다.

デートをしました。　데이트를 했습니다.

6 ～ませんでした ~(하)지않았습니다

友達に会いませんでした。
친구를 만나지 않았습니다.

映画を見ませんでした。　영화를 보지 않았습니다.

デートをしませんでした。
데이트를 하지 않았습니다.

7 동사와자주쓰이는조사

❶ 新聞を読みます。　신문을 읽습니다.

❷ 友達と遊びます。　친구와 놉니다.

❸ 学校へ行きます。　학교에 갑니다.

❹ 海で泳ぎます。　바다에서 수영합니다.

　ボールペンで書きます。　볼펜으로 씁니다.

❺ 朝6時に起きます。　아침 6시에 일어납니다.

　友達に会います。　친구를 만납니다.

LESSON 11
今度の週末に遊びに行きませんか。

GRAMMAR

1 목적표현

❶ 食事に行きます。 식사하러 갑니다.

ドライブに行きます。 드라이브하러 갑니다.

スキーに行きます。 스키를 타러 갑니다.

❷ 泳ぎに行きます。 수영하러 갑니다.

遊びに来ます。 놀러 옵니다.

会いに行きます。 만나러 갑니다.

2 ~し ~(하)고

彼はハンサムだし、頭もいいです。
그는 잘생겼고 머리도 좋습니다.

お金もないし、時間もないです。
돈도 없고 시간도 없습니다.

あの店は安くておいしいし、雰囲気もいいです。 저가게는 싸고 맛있고 분위기도 좋습니다.

3 권유표현

1. ~ませんか

ちょっとお茶でも飲みませんか。
잠깐 차라도 마시지 않겠습니까?

いっしょに散歩でもしませんか。
함께 산책이라도 하지 않겠습니까?

少し休みませんか。 조금 쉬지 않겠습니까?

2. ~に行きませんか

ドライブに行きませんか。
드라이브하러 가지 않겠습니까?

お酒を飲みに行きませんか。
술을 마시러 가지 않겠습니까?

遊びに行きませんか。 놀러 가지 않겠습니까?

3. ~ましょう

ちょっと休みましょう。 잠깐 쉽시다.

いっしょに遊びましょう。 함께 놉시다.

一生懸命勉強しましょう。 열심히 공부합시다.

4. ~ましょうか

ちょっと休みましょうか。 잠깐 쉴까요?

いっしょに遊びましょうか。 함께 놀까요?

コーヒーでも飲みましょうか。
커피라도 마실까요?

LESSON 12
おいしい冷麺が食べたいです。

GRAMMAR

1 희망표현

1. ~たい

日本へ行きたいです。 일본에 가고 싶습니다.

少し休みたいです。 조금 쉬고 싶습니다.

結婚したいです。 결혼하고 싶습니다.

2. ~たくない

学校に行きたくないです。
학교에 가고 싶지 않습니다.

焼酎は飲みたくないです。
소주는 마시고 싶지 않습니다.

何も食べたくないです。 아무것도 먹고 싶지 않습니다.

3. ~がほしい

かわいい犬がほしいです。
귀여운 강아지를 갖고 싶습니다.

デジタルカメラがほしいです。
디지털카메라를 갖고 싶습니다.

すてきな恋人がほしいです。
멋진 연인을 원합니다.

4. **〜になりたい**

　いい先生になりたいです。
　좋은 선생님이 되고 싶습니다.

　有名なデザイナーになりたいです。
　유명한 디자이너가 되고 싶습니다.

　立派な社会人になりたいです。
　훌륭한 사회인이 되고 싶습니다.

변화에 대한 희망 표현

1. 歌手になりたいです。 가수가 되고 싶습니다.
　 医者になりたいです。 의사가 되고 싶습니다.

2. 美しくなりたいです。 아름다워지고 싶습니다.
　 若くなりたいです。 젊어지고 싶습니다.

3. 有名になりたいです。 유명해지고 싶습니다.
　 日本語が上手になりたいです。
　 일본어를 잘하고 싶습니다.

LESSON 13
地下鉄駅まで歩いて行きます。

GRAMMAR

1　**〜て**　~(하)고, ~해서

　朝起きて、顔を洗います。
　아침에 일어나서 얼굴을 씻습니다.

　顔を洗ってご飯を食べます。
　얼굴을 씻고 밥을 먹습니다.

　バスに乗って会社へ行きます。
　버스를 타고 회사에 갑니다.

2　**〜てください**　~해주세요

　ここに住所を書いてください。
　여기에 주소를 써 주세요.

　パスポートを見せてください。
　여권을 보여 주세요.

　もう一度説明してください。
　한번 더 설명해 주세요.

3　**〜ながら**　~하면서

　テレビを見ながらご飯を食べます。
　텔레비전을 보면서 밥을 먹습니다.

　音楽を聞きながらコーヒーを飲みます。
　음악을 들으면서 커피를 마십니다.

　ギターを弾きながら歌を歌います。
　기타를 치면서 노래를 부릅니다.

LESSON 14
山田さんはアマゾンを知っていますか。

GRAMMAR

1　**〜ています**　~(하)고 있습니다

1. **현재진행동작**

　レポートを書いています。 리포트를 쓰고 있습니다.
　歌を歌っています。 노래를 부르고 있습니다.
　インターネットをしています。
　인터넷을 하고 있습니다.

2. **자세, 표정**

　立っています。 서 있습니다.
　座っています。 앉아 있습니다.
　笑っています。 웃고 있습니다.

3. **옷차림, 착용**

　眼鏡をかけています。 안경을 쓰고 있습니다.
　スーツを着ています。 정장을 입고 있습니다.
　スカーフをしています。 스카프를 하고 있습니다.

　• バックをかけている　가방을 메고 있다
　• ブラウスを着ている　블라우스를 입고 있다
　• スカートをはいている　치마를 입고 있다

- スカーフをしている 스카프를 하고 있다
- 時計をしている 시계를 차고 있다
- ぼうしをかぶっている 모자를 쓰고 있다
- 眼鏡をかけている 안경을 쓰고 있다
- ネクタイをしめている 넥타이를 매고 있다
- スーツを着ている 정장을 입고 있다
- くつをはいている 신발을 신고 있다
- かばんを持っている 가방을 들고 있다

4. **날씨, 사물의 상태**

雨が降っています。 비가 내리고 있습니다.
窓が開いています。 창문이 열려 있습니다.
風が吹いています。 바람이 불고 있습니다.

5. **직업, 거주지**

教師をしています。 교사를 하고 있습니다.
銀行に勤めています。 은행에 근무하고 있습니다.
ソウルに住んでいます。 서울에 살고 있습니다.

2 **~ている+명사** ~(하)고 있는

眼鏡をかけている人が先生です。
안경을 쓰고 있는 사람이 선생님입니다.
スーツを着ている人が山田さんです。
정장을 입고 있는 사람이 야마다 씨입니다.
本を読んでいる人は中村さんです。
책을 읽고 있는 사람은 나카무라 씨입니다.

LESSON 15
妹さんは田中さんに似ていますか。

GRAMMAR

1 **何人兄弟ですか** 형제가 몇 명이에요?
  何人家族ですか。 가족이 몇 명이에요?

何人兄弟ですか。 형제가 몇 명이에요?
ご家族は何人ですか。 가족은 몇 명이에요?
→ 四人家族です。 4명 가족이에요.

2 **おいくつですか** 몇 살이에요?

失礼ですけど、おいくつですか。
실례지만, 몇 살입니까?
→ 今年で２９歳になります。
  올해 29살이 됩니다.
→ ３５です。 35살입니다.

3 **~に似ている** ~을/를 닮다

父に似ています。 아버지를 닮았습니다.
母に似ています。 어머니를 닮았습니다.
だれにも似ていません。 아무도 닮지 않았습니다.

4 **結婚している** 결혼한 상태

失礼ですが、結婚していますか。
실례지만, 결혼하셨나요?
妹はもう結婚しています。
여동생은 이미 결혼했습니다.
兄はまだ結婚していません。
형은 아직 결혼하지 않았습니다.

LESSON 16
日本に行ったことがありますか。

GRAMMAR

1 **~た** ~했다

昨日友達に会った。 어제 친구를 만났다.
友達といっしょに遊んだ。 친구와 함께 놀았다.
一生懸命勉強した。 열심히 공부했다.

2 **~たことがある** ~한 적이 있다

有名なタレントに会ったことがあります。
유명한 탤런트를 만난 적이 있습니다.

飛行機に乗ったことがあります。
비행기를 탄 적이 있습니다.

日本へ出張に行ったことがあります。
일본으로 출장간적이 있습니다.

3 ～んです   ~이랍니다, ~이거든요

私の大切な人なんです。 제 소중한 사람이랍니다.

日本に行ったことがないんです。
일본에 간 적이 없거든요.

ここは本当に交通が便利なんです。
여기는 정말 교통이 편리하거든요.

LESSON 17
あまり詳しく聞かないでください。

GRAMMAR

1 ～ない   ~(하)지 않다

明日は学校に行かない。 내일은 학교에 가지 않는다.

少しも休まない。 조금도 쉬지 않는다.

アルバイトはしない。 아르바이트는 하지 않는다.

2 ～ないでください   ~(하)지 마세요, ~(하)지 말아주세요

お酒を飲まないでください。 술을 마시지 마세요.

約束を忘れないでください。 약속을 잊지 마세요.

欠席しないでください。 결석하지 말아주세요.

3 ～中ですから   ~중이니까

授業中ですから、静かにしてください。
수업 중이니까 조용히 해주세요.

仕事中ですから、後で連絡します。
업무 중이니까 나중에 연락하겠습니다.

掃除中ですから、入ってこないでください。
청소 중이니까 들어오지 말아주세요.

LESSON 18
会社を辞めないほうがいいですよ。

GRAMMAR

1 ～ないほうがいい   ~(하)지 않는 편이 좋다

タバコは吸わないほうがいいです。
담배는 피우지 않는 편이 좋습니다.

あの映画は見ないほうがいいです。
그 영화는 보지 않는 편이 좋습니다.

あまり無理しないほうがいいです。
너무 무리하지 않는 편이 좋습니다.

2 ～と思います   ~라고 생각합니다

毎日こつこつ勉強したほうがいいと思います。 매일 꾸준히 공부하는 것이 좋다고 생각합니다.

恋人には話さないほうがいいと思います。
연인에게는 말하지 않는 편이 좋다고 생각합니다.

なるべく欠席はしないほうがいいと思います。 가능한 결석은 하지 않는 편이 좋다고 생각합니다.

3 ～たほうがいい   ~(하)는 편이 좋다

バスより地下鉄に乗ったほうがいいです。
버스보다 지하철을 타는 편이 좋습니다.

朝早く起きたほうがいいです。
아침 일찍 일어나는 편이 좋습니다.

毎日規則的に運動したほうがいいです。
매일 규칙적으로 운동하는 편이 좋습니다.

4 ～てしまう[～ちゃう]/～でしまう[～じゃう]
~(하)고 말다, ~해 버리다

忘れちゃいました。(＝てしまいました)
잊어버렸습니다.

死んじゃいました。(＝でしまいました)
죽고 말았습니다.

遅刻しちゃったんです。(＝てしまいました)
지각하고 말았습니다.

정답

LESSON 01
私は会社員です。

LET'S TALK

I
1. 私は学生です。 저는 학생입니다.
2. 私は会社員です。 저는 회사원입니다.
3. 彼は歌手です。 그는 가수입니다.

II
1. 山田さんは日本人です。 야마다씨는 일본인입니다.
2. 王さんは中国人です。 왕씨는 중국인입니다.
3. スミスさんはアメリカ人です。
   스미스씨는 미국인입니다.

III
1. A: 彼は学生ですか。 그는 학생입니까?
   B: はい、学生です。 네, 학생입니다.
2. A: 彼はピアニストですか。 그는 피아니스트입니까?
   B: いいえ、ピアニストではありません。
      아뇨, 피아니스트가 아닙니다.
3. A: 彼は歌手ですか。 그는 가수입니까?
   B: はい、歌手です。 네, 가수입니다.
4. A: 彼女は先生ですか。 그녀는 선생님입니까?
   B: いいえ、先生ではありません。
      아뇨, 선생님이 아닙니다.
5. A: 彼女は日本人ですか。 그녀는 일본인입니까?
   B: はい、日本人です。 네, 일본인입니다.

EXERCISE

1. はじめまして。
2. どうぞよろしくお願いします。
3. 私は学生です。
4. 彼は会社員ではありません。
5. 中国人ですか。

LESSON 02
それはだれの本ですか。

LET'S TALK

I
1. A: この帽子は金さんのですか。
      이 모자는 김 씨의 것입니까?
   B: はい、金さんのです。
      네, 김 씨의 것입니다.
2. A: このボールペンは金さんのですか。
      이 볼펜은 김 씨의 것입니까?
   B: いいえ、金さんのではありません。
      아뇨, 김 씨의 것이 아닙니다.
3. A: その時計は山田さんのですか。
      그 시계는 야마다 씨의 것입니까?
   B: いいえ、山田さんのではありません。
      아뇨, 야마다 씨의 것이 아닙니다.
4. A: そのめがねは山田さんのですか。
      그 안경은 야마다 씨의 것입니까?
   B: はい、山田さんのです。
      네, 야마다 씨의 것입니다.
5. A: あの車は先生のですか。
      저 차는 선생님의 것입니까?
   B: いいえ、先生のではありません。
      아뇨, 선생님의 것이 아닙니다.

II

1. A: これはだれの本ですか。
   이것은 누구의 책입니까?
   B: それは先生の本です。
   그것은 선생님의 책입니다.

2. A: これはだれのケータイですか。
   이것은 누구의 휴대전화입니까?
   B: それは友達のケータイです。
   그것은 친구의 휴대전화입니다.

3. A: それはだれのカメラですか。
   그것은 누구의 카메라입니까?
   B: これは私のカメラです。
   이것은 나의 카메라입니다.

4. A: それはだれの写真ですか。
   그것은 누구의 사진입니까?
   B: これはナさんの写真です。
   이것은 나 씨의 사진입니다.

5. A: あれはだれのくつですか。
   저것은 누구의 구두입니까?
   B: あれは金さんのくつです。
   저것은 김 씨의 구두입니다.

EXERCISE

1. これは私のかばんです。
2. それは山田さんのボールペンです。
3. あれは日本の雑誌です。
4. この車は会社のです。
5. そのケータイは私のではありません。
6. あのくつは先生のです。

LESSON 03
会社は何時から何時までですか。

LET'S TALK

I

1. A: すみません、今何時ですか。
   죄송합니다만, 지금 몇 시입니까?
   B: 4時20分です。 4시 20분입니다.

2. A: すみません、今何時ですか。
   B: 7時30分です。 7시 30분입니다.

3. A: すみません、今何時ですか。
   B: 9時50分です。 9시 50분입니다.

4. A: すみません、今何時ですか。
   B: 10時15分です。 10시 15분입니다.

5. A: すみません、今何時ですか。
   B: 12時40分です。 12시 40분입니다.

II

1. A: 会社は何時から何時までですか。
   회사는 몇 시부터 몇 시까지입니까?
   B: 会社は午前9時から午後5時までです。
   회사는 오전 9시부터 오후 5시까지입니다.

2. A: 銀行は何時から何時までですか。
   은행은 몇 시부터 몇 시까지입니까?
   B: 銀行は午前9時から午後4時までです。
   은행은 오전 9시부터 오후 4시까지입니다.

3. A: デパートは何時から何時までですか。
   백화점은 몇 시부터 몇 시까지입니까?
   B: デパートは午前10時半から午後8時までです。
   백화점은 오전 10시 반부터 오후 8시까지입니다.

4. A: 病院は何時から何時までですか。
   병원은 몇 시부터 몇 시까지입니까?
   B: 病院は午前9時半から午後6時までです。 병원은 오전 9시 반부터 오후 6시까지입니다.

5 **A:** レストランは何時から何時までですか。
레스토랑은 몇 시부터 몇 시까지입니까?
B: レストランは午前11時から午後10時までです。
레스토랑은 오전 11시부터 오후 10시까지입니다.

EXERCISE

1 日本語の授業は7時から8時までです。
2 昼休みは12時から1時までです。
3 会議は午前10時から12時までです。
4 アルバイトは午後6時から11時までです。
5 美容院は午前10時から午後9時までです。

LESSON 04
てんぷらうどん2つとおにぎり1つください。

LET'S TALK

Ⅰ

1 **A:** ワイシャツはいくらですか。
와이셔츠는 얼마입니까?
B: 4万5千ウォンです。 4만 5천 원입니다.

2 **A:** かばんはいくらですか。
가방은 얼마입니까?
B: 27万ウォンです。 27만 원입니다.

3 **A:** ノートブックはいくらですか。
노트북은 얼마입니까?
B: 189万ウォンです。 189만 원입니다.

Ⅱ

1 **A:** りんごはいくらですか。
사과는 얼마입니까?
B: 二つで5,000ウォンです。
두 개에 5,000원입니다.

2 **A:** なしはいくらですか。
배는 얼마입니까?
B: 三つで10,000ウォンです。
세 개에 10,000원입니다.

3 **A:** ももはいくらですか。
복숭아는 얼마입니까?
B: 四つで6,000ウォンです。
네 개에 6,000원입니다.

Ⅲ

1 **A:** サンドイッチはいくらですか。
샌드위치는 얼마입니까?
B: ハムサンドイッチは440円で、エッグサンドイッチは510円です。
햄 샌드위치는 440엔이고, 에그 샌드위치는 510엔입니다.

2 **A:** コーヒーはいくらですか。
커피는 얼마입니까?
B: アメリカーノは450円で、カフェモカは530円です。
아메리카노는 450엔이고, 카페 모카는 530엔입니다.

3 **A:** アイスクリームはいくらですか。
아이스크림은 얼마입니까?
B: 抹茶アイスクリームは590円で、マンゴーアイスクリームは620円です。
말차 아이스크림은 590엔이고 망고 아이스크림은 620엔입니다.

4 **A:** ケーキはいくらですか。
케이크는 얼마입니까?
B: チョコレートケーキは520円で、チーズケーキは480円です。
초콜릿 케이크는 520엔이고 치즈 케이크는 480엔입니다.

EXERCISE

1 スマホはいくらですか。
2 全部でいくらですか。
3 りんごは三つで5,000ウォンです。
4 トーストは2,500ウォンで、サンドイッチは3,000ウォンです。
5 コーヒーとチーズケーキ一つください。

LESSON 05
お誕生日はいつですか。

LET'S TALK

I

1. **A:** 1日は何曜日ですか。 1일은 무슨 요일입니까?
   B: 木曜日です。 목요일입니다.
2. **A:** 9日は何曜日ですか。 9일은 무슨 요일입니까?
   B: 金曜日です。 금요일입니다.
3. **A:** 14日は何曜日ですか。 14일은 무슨 요일입니까?
   B: 水曜日です。 수요일입니다.
4. **A:** 19日は何曜日ですか。 19일은 무슨 요일입니까?
   B: 月曜日です。 월요일입니다.
5. **A:** 24日は何曜日ですか。 24일은 무슨 요일입니까?
   B: 土曜日です。 토요일입니다.
6. **A:** 27日は何曜日ですか。 27일은 무슨 요일입니까?
   B: 火曜日です。 화요일입니다.

II

1. **A:** 何月何日ですか。 몇 월 며칠입니까?
   B: いちがつとおかです。 1월 10일입니다.
2. **A:** 何月何日ですか。 몇 월 며칠입니까?
   B: さんがつみっかです。 3월 3일입니다.
3. **A:** 何月何日ですか。 몇 월 며칠입니까?
   B: ごがつようかです。 5월 8일입니다.
4. **A:** 何月何日ですか。 몇 월 며칠입니까?
   B: はちがつじゅうごにちです。 8월 15일입니다.
5. **A:** 何月何日ですか。 몇 월 며칠입니까?
   B: じゅうにがつにじゅうよっかです。 12월 24일입니다.

EXERCISE

1. 明日は何曜日ですか。
2. 来週の月曜日は何日ですか。
3. 先生のお誕生日はいつですか。
4. 何月生まれですか。
5. 今日は山田さんのお誕生日じゃありませんか。

LESSON 06
日本語は易しくて面白いです。

LET'S TALK

I

1. **A:** このカメラは大きいですか。
   이 카메라는 큽니까?
   B: いいえ、大きくありません。小さいです。
   아뇨, 크지 않습니다. 작습니다.
2. **A:** 部屋は広いですか。
   방은 넓습니까?
   B: いいえ、広くありません。狭いです。
   아뇨, 넓지 않습니다. 좁습니다.
3. **A:** 夏は寒いですか。
   여름은 춥습니까?
   B: いいえ、寒くありません。暑いです。
   아뇨, 춥지 않습니다. 덥습니다.
4. **A:** キムチは甘いですか。
   김치는 답니까?
   B: いいえ、甘くありません。辛いです。
   아뇨, 달지 않습니다. 맵습니다.
5. **A:** この車は新しいですか。
   이 차는 새것입니까?
   B: いいえ、新しくありません。古いです。
   아뇨, 새것이 아닙니다. 낡았습니다.

Ⅱ

1 A: どんな先生ですか。 어떤 선생님입니까?
   B: 優しくて面白い先生です。
   상냥하고 재미있는 선생님입니다.

2 A: どんなかばんですか。 어떤 가방입니까?
   B: 小さくてかわいいかばんです。
   작고 예쁜 가방입니다.

3 A: どんなコーヒーですか。 어떤 커피입니까?
   B: 熱くておいしいコーヒーです。
   뜨겁고 맛있는 커피입니다.

4 A: どんな店ですか。 어떤 가게입니까?
   B: 新しくて広い店です。
   새롭고 넓은 가게입니다.

5 A: どんな天気ですか。 어떤 날씨입니까?
   B: 暖かくていい天気です。
   따뜻하고 좋은 날씨입니다.

EXERCISE

1 日本語は易しくて面白いです。
2 冷たいビールください。
3 このケータイは小さくて軽いです。
4 この店のラーメンは安くておいしいです。
5 これは甘くておいしいケーキです。

LESSON 07
すてきな都市です。

LET'S TALK

Ⅰ

1 A: 中村さんはハンサムですか。
    나카무라 씨는 잘생겼습니까?
   B: はい、ハンサムです。 네, 잘생겼습니다.

2 A: 金さんは親切ですか。 김씨는 친절합니까?
   B: はい、親切です。 네, 친절합니다.

3 A: ダンスが上手ですか。 춤을 잘 춥니까?
   B: はい、上手です。 네, 잘 춥니다.

4 A: この車はきれいですか。 이 차는 깨끗합니까?
   B: いいえ、きれいではありません。
   아뇨, 깨끗하지 않습니다.

5 A: 町は静かですか。 거리는 조용합니까?
   B: いいえ、静かではありません。
   아뇨, 조용하지 않습니다.

Ⅱ

1 A: どんな人ですか。 어떤 사람입니까?
   B: ハンサムでリッチな人です。
   잘생기고 부자인 사람입니다.

2 A: どんな学生ですか。 어떤 학생입니까?
   B: 元気で真面目な学生です。
   활발하고 성실한 학생입니다.

3 A: どんな車ですか。 어떤 차입니까?
   B: 丈夫で便利な車です。
   튼튼하고 편리한 차입니다.

4 A: どんな仕事ですか。 어떤 일입니까?
   B: 簡単で楽な仕事です。
   간단하고 편한 일입니다.

5 A: どんな先生ですか。 어떤 선생님입니까?
   B: 親切ですてきな先生です。
   친절하고 멋진 선생님입니다.

EXERCISE

1 交通は便利ですか。
2 教室は静かでは[じゃ]ありません。
3 山田さんは真面目な人です。
4 彼女はスリムできれいです。
5 丈夫ですてきな車です。

LESSON 08
どんな音楽が好きですか。

LET'S TALK

Ⅰ

1. **A:** 日本語と英語とどちらが上手ですか。
   일본어와 영어하고 어느 쪽을 잘하세요?
   B: 日本語のほうが上手です。
   일본어를 더 잘합니다.

2. **A:** バスと地下鉄とどちらが便利ですか。
   버스와 지하철하고 어느 쪽이 편리합니까?
   B: 地下鉄のほうが便利です。
   지하철이 더 편리합니다.

3. **A:** お金と健康とどちらが大切ですか。
   돈과 건강하고 어느 쪽이 중요합니까?
   B: 健康のほうが大切です。 건강이 더 중요합니다.

4. **A:** 恋人と友達とどちらがいいですか。
   애인과 친구하고 어느 쪽이 좋습니까?
   B: 恋人のほうがいいです。 애인이 더 좋습니다.

5. **A:** 家族と仕事とどちらが重要ですか。
   가족과 일하고 어느 쪽이 중요합니까?
   B: 家族のほうが重要です。 가족이 더 중요합니다.

Ⅱ

1. **A:** 果物の中で何が一番好きですか。
   과일 중에서 무엇을 가장 좋아하세요?
   B: みかんが一番好きです。 귤을 가장 좋아합니다

2. **A:** 歌手の中でだれが一番好きですか。
   가수 중에서 누구를 가장 좋아하세요?
   B: BTSが一番好きです。 BTS를 가장 좋아합니다.

3. **A:** 四季の中でいつが一番好きですか。
   사계절 중에서 언제를 가장 좋아하세요?
   B: 冬が一番好きです。 겨울을 가장 좋아합니다.

4. **A:** 韓国の山の中でどこが一番好きですか。
   한국산 중에서 어느 곳을 가장 좋아하세요?
   B: ソラク山が一番好きです。
   설악산을 가장 좋아합니다.

5. **A:** コーヒーと紅茶とコーラの中でどれが一番好きですか。
   커피와 홍차와 콜라 중에서 어느 것을 가장 좋아하세요?
   B: コーヒーが一番好きです。
   커피를 가장 좋아합니다.

EXERCISE

1. どんな人が好きですか。
2. ソウルと東京とどちらが大きいですか。
3. 英語より日本語のほうが上手です。
4. 季節の中で春が一番好きです。
5. スポーツの中でサッカーが一番好きです。

LESSON 09
クラスに学生は何人いますか。

LET'S TALK

Ⅰ

1. **A:** 本はどこにありますか。 책은 어디에 있습니까?
   B: 本は机の上にあります。
   책은 책상 위에 있습니다.

2. **A:** 財布はどこにありますか。
   지갑은 어디에 있습니까?
   B: 財布はかばんの中にあります。
   지갑은 가방 안에 있습니다.

3. **A:** 雑誌はどこにありますか。
   잡지는 어디에 있습니까?
   B: 雑誌はソファーの下にあります。
   잡지는 소파 아래에 있습니다.

4. **A:** 山田さんはどこにいますか。
   야마다 씨는 어디에 있습니까?
   B: 山田さんは田中さんの隣にいます。
   야마다 씨는 다나카 씨 옆에 있습니다.

5 **A:** 猫はどこにいますか。 고양이는 어디에 있습니까?

B: 猫は姜さんの前にいます。
고양이는 강씨의 앞에 있습니다.

II

1 **A:** 銀行はどこにありますか。
은행은 어디에 있습니까?

B: 銀行は会社の隣にあります。
은행은 회사 옆에 있습니다.

2 **A:** デパートはどこにありますか。
백화점은 어디에 있습니까?

B: デパートは郵便局の前にあります。
백화점은 우체국 앞에 있습니다.

3 **A:** コンビニはどこにありますか。
편의점은 어디에 있습니까?

B: コンビニは郵便局の近くにあります。
편의점은 우체국 근처에 있습니다.

4 **A:** 郵便局はどこにありますか。
우체국은 어디에 있습니까?

B: 郵便局はデパートの後ろにあります。
우체국은 백화점 뒤에 있습니다.

5 **A:** 本屋はどこにありますか。
서점은 어디에 있습니까?

B: 本屋は銀行の向かいにあります。
서점은 은행 맞은편에 있습니다.

III

1 **A:** 女の子は何人いますか。
여자아이는 몇 명 있습니까?

B: 女の子は三人います。 여자아이는 세 명 있습니다.

2 **A:** 男の子は何人いますか。
남자아이는 몇 명 있습니까?

B: 男の子は五人います。 남자아이는 5명 있습니다.

3 **A:** 日本人は何人いますか。
일본인은 몇 명 있습니까?

B: 日本人は二人います。 일본인은 두 명 있습니다.

4 **A:** 子供は何人いますか。 아이는 몇 명 있습니까?

B: 子供は一人もいません。 아이는 한 명도 없습니다.

EXERCISE

1 かばんは机の上にあります。

2 銀行は会社の前にあります。

3 日本人の友達がいます。

4 家にかわいい子犬がいます。

5 今日は仕事がありません。

6 部屋に猫はいません。

LESSON 10
暇な時、何をしますか。

LET'S TALK

I

1 **A:** 学校に行きますか。 학교에 갑니까?

B: はい、学校に行きます。 네, 학교에 갑니다.

2 **A:** コーヒーを飲みますか。 커피를 마십니까?

B: いいえ、コーヒーを飲みません。
아뇨, 커피를 마시지 않습니다.

3 **A:** 日本語で話しますか。 일본어로 이야기합니까?

B: はい、日本語で話します。
네, 일본어로 이야기합니다.

4 **A:** 朝早く起きますか。
아침 일찍 일어납니까?

B: いいえ、朝早く起きません。
아뇨, 아침 일찍 일어나지 않습니다.

5 **A:** 運転をしますか。 운전을 합니까?

B: はい、運転をします。 네, 운전을 합니다.

II

1 **A:** 昨日早く家に帰りましたか。
어제 일찍 집에 돌아갔습니까?

B: はい、早く家に帰りました。
네, 일찍 집에 돌아갔습니다.

2 **A:** 昨日飲み屋へ行きましたか。
어제 술집에 갔습니까?

B: いいえ、飲み屋へ行きませんでした。
아뇨, 술집에 가지 않았습니다.

3 **A:** 昨日映画を見ましたか。
어제 영화를 보았습니까?

B: はい、映画を見ました。
네, 영화를 보았습니다.

4 **A:** 昨日デートをしましたか。
어제 데이트를 했습니까?

B: はい、デートをしました。
네, 데이트를 했습니다.

5 **A:** 昨日友達は来ましたか。
어제 친구는 왔습니까?

B: いいえ、友達は来ませんでした。
아뇨, 친구는 오지 않았습니다.

EXERCISE

1 日本に行きます。
2 日本語で話します。
3 お酒は飲みません。
4 友達に会いました。
5 勉強をしませんでした。

LESSON 11
今度の週末に遊びに行きませんか。

LET'S TALK

Ⅰ

1 **A:** 明日いっしょにスキーに行きませんか。
내일 같이 스키타러 가지 않을래요?

B: いいですね。では明日。
좋아요. 그럼, 내일 봐요.

2 **A:** 明日いっしょにドライブに行きませんか。 내일 같이 드라이브하러 가지 않을래요?

B: いいですね。では明日。

3 **A:** 明日いっしょに映画を見に行きませんか。 내일 같이 영화 보러 가지 않을래요?

B: いいですね。では明日。

4 **A:** 明日いっしょにお酒を飲みに行きませんか。 내일 같이 술마시러 가지 않을래요?

B: いいですね。では明日。

5 **A:** 明日いっしょに泳ぎに行きませんか。
내일 같이 수영하러 가지 않을래요?

B: いいですね。では明日。

Ⅱ

1 **A:** 何か飲みましょうか。
뭔가 마실까요?

B: いいですね。じゃ、ビールを飲みましょう。 좋아요. 그럼, 맥주를 마십시다.

2 **A:** 何か食べましょうか。
뭔가 먹을까요?

B: いいですね。じゃ、おすしを食べましょう。 좋아요. 그럼, 스시를 먹읍시다.

3 **A:** どこかショッピングに行きましょうか。
어디 쇼핑하러 갈까요?

B: いいですね。じゃ、明洞へ行きましょう。 좋아요. 그럼, 명동에 갑시다.

4 **A:** どこか遊びに行きましょうか。
어디 놀러 갈까요?

B: いいですね。じゃ、ロッテワールドに行きましょう。 좋아요. 그럼, 롯데월드에 갑시다.

EXERCISE

1 食事に行きませんか。
2 一生懸命勉強しましょう。
3 お茶でも飲みましょうか。

4 あのレストランは料理もおいしいし、サービスもいいです。

5 あのデパートは交通も便利だし、品物も多いです。

LESSON 12
おいしい冷麺が食べたいです。

LET'S TALK

I

1 **A:** 日本語で話したいですか。
일본어로 이야기하고 싶습니까?
B: はい、日本語で話したいです。
네, 일본어로 이야기하고 싶습니다.
いいえ、日本語で話したくないです。
아니요, 일본어로 이야기하고 싶지 않습니다.

2 **A:** 友達と遊びたいですか。
친구와 놀고 싶습니까?
B: はい、友達と遊びたいです。
네, 친구와 놀고 싶습니다.
いいえ、友達と遊びたくないです。
아니요, 친구와 놀고 싶지 않습니다.

3 **A:** 早く家に帰りたいですか。
빨리 집에 돌아가고 싶습니까?
B: はい、早く家に帰りたいです。
네, 빨리 집에 돌아가고 싶습니다.
いいえ、早く家に帰りたくないです。
아니요, 빨리 집에 돌아가고 싶지 않습니다.

4 **A:** 恋人と別れたいですか。
애인과 헤어지고 싶습니까?
B: はい、別れたいです。 예, 헤어지고 싶습니다.
いいえ、別れたくないです。
아뇨, 헤어지고 싶지 않습니다.

5 **A:** 残業したいですか。 야근하고 싶습니까?
B: はい、残業したいです。
예, 야근하고 싶습니다.
いいえ、残業したくないです。
아뇨, 야근하고 싶지 않습니다.

II

1 **A:** 今何が一番ほしいですか。
지금 가장 무엇을 갖고 싶습니까?
B: カメラが一番ほしいです。
저는 카메라를 가장 갖고 싶습니다.

2 **A:** 今何が一番食べたいですか。
지금 무엇을 가장 먹고 싶어요?
B: ケーキが一番食べたいです。
케이크가 가장 먹고 싶어요.

3 **A:** 今何が一番飲みたいですか。
지금 무엇을 가장 마시고 싶어요?
B: ビールが一番飲みたいです。
맥주를 가장 마시고 싶어요.

4 **A:** どこへ一番行きたいですか。
어디에 가장 가고 싶어요?
B: ヨーロッパに一番行きたいです。
유럽에 가장 가고 싶어요.

EXERCISE

1 いい会社に就職したいです。
2 彼女と会いたいです。
3 今日は何もしたくありません。
4 最新型のスマホがほしいです。
5 立派な先生になりたいです。

LESSON 13
地下鉄駅まで歩いて行きます。

LET'S TALK

I

1　A: これから何をしますか。
　　　이제부터 무엇을 할 거예요?
　　B: 地下鉄に乗って会社に行きます。
　　　지하철을 타고 회사에 갈 거예요.

2　A: これから何をしますか。
　　B: コーヒーを飲んで仕事を始めます。
　　　커피를 마시고 일을 시작할 거예요.

3　A: これから何をしますか。
　　B: 友達に会って食事をします。
　　　친구를 만나 식사를 할 거예요.

4　A: これから何をしますか。
　　B: 家に帰ってシャワーを浴びます。
　　　집에 가서 샤워를 할 거예요.

5　A: これから何をしますか。
　　B: シャワーを浴びて寝ます。
　　　샤워를 하고 잘 거예요.

II

1　すみません。授業中ですから、ちょっと静かにしてください。
　　죄송합니다만, 수업중이니까 조용히 해주세요.

2　すみません。高いですから、ちょっと安くしてください。
　　죄송합니다만, 비싸니까 싸게 해주세요.

3　すみません。忙しいですから、ちょっと手伝ってください。
　　죄송합니다만, 바쁘니까 좀 도와주세요.

4　すみません。分からないですから、ちょっと教えてください。
　　죄송합니다만, 이해가 안 되니까 좀 가르쳐 주세요.

5　すみません。よく聞こえないですから、ちょっと大きい声で言ってください。
　　죄송합니다만, 잘 들리지 않으니까, 좀 큰 소리로 말씀해 주세요.

III

1　A: 音楽を聞きながら何をしますか。
　　　음악을 들으면서 무엇을 하나요?
　　B: 音楽を聞きながら勉強します。
　　　음악을 들으면서 공부합니다.

2　A: 歌を歌いながら何をしますか。
　　　노래를 부르면서 무엇을 하나요?
　　B: 歌を歌いながら踊りを踊ります。
　　　노래를 부르면서 춤을 춥니다.

3　A: コーヒーを飲みながら何をしますか。
　　　커피를 마시면서 무엇을 하나요?
　　B: コーヒーを飲みながら新聞を読みます。
　　　커피를 마시면서 신문을 읽습니다.

4　A: 本を見ながら何をしますか。
　　　책을 보면서 무엇을 합니까?
　　B: 本を見ながら料理をします。
　　　책을 보면서 요리를 합니다.

5　A: ポップコーンを食べながら何をしますか。　팝콘을 먹으면서 무엇을 합니까?
　　B: ポップコーンを食べながら映画を見ます。　팝콘을 먹으면서 영화를 봅니다.

EXERCISE

1　図書館へ行って勉強します。
2　電話して予約をします。
3　メールを送ってください。
4　今早く来てください。
5　コーラを飲みながらピザを食べます。

LESSON 14
山田さんはアマゾンを知っていますか。

LET'S TALK

I

1. A: 今何をしていますか。 지금 무엇을 하고 있습니까?
   B: 友達と話しています。 친구와 이야기하고 있습니다.

2. A: 今何をしていますか。
   B: 歌を歌っています。 노래를 부르고 있습니다.

3. A: 今何をしていますか。
   B: 本を読んでいます。 책을 읽고 있습니다.

4. A: 今何をしていますか。
   B: 仕事をしています。 일을 하고 있습니다.

5. A: 今何をしていますか。
   B: デートをしています。 데이트를 하고 있습니다.

II

1. A: 金さんはどの人ですか。 김씨는 누구입니까?
   B: 眼鏡をかけている人です。
   안경을 끼고 있는 사람입니다.

2. A: 中村さんはどの人ですか。
   나카무라 씨는 누구입니까?
   B: ミニスカートをはいている人です。
   미니스커트를 입고 있는 사람입니다.

3. A: 田中さんはどの人ですか。
   다나카씨는 누구입니까?
   B: 帽子をかぶっている人です。
   모자를 쓰고 있는 사람입니다.

4. A: 吉田さんはどの人ですか。
   요시다 씨는 누구입니까?
   B: ジュースを飲んでいる人です。
   주스를 마시고 있는 사람입니다.

5. A: 鈴木さんはどの人ですか。
   스즈키 씨는 누구입니까?
   B: 笑っている人です。
   웃고 있는 사람입니다.

III

1. A: 失礼ですが、中村さんのお仕事は?
   실례합니다만, 나카무라 씨의 일은?
   B: 銀行に勤めています。 은행에 근무하고 있습니다.

2. A: 失礼ですが、金さんのお仕事は?
   실례합니다만, 야마다 씨의 일은?
   B: 商社に勤めています。 상사에 근무하고 있습니다.

3. A: 失礼ですが、田中さんのお仕事は?
   실례합니다만, 다나카 씨의 일은?
   B: 郵便局に勤めています。
   우체국에 근무하고 있습니다.

4. A: 失礼ですが、朴さんのお仕事は?
   실례합니다만, 박씨의 일은?
   B: 病院に勤めています。 병원에 근무하고 있습니다.

EXERCISE

1. 日本語を習っています。
2. 映画を見ています。
3. 雪が降っています。
4. 病院に勤めています。
5. 運転している人は山田さんです。

LESSON 15
妹さんは田中さんに似ていますか。

LET'S TALK

I

1. A: ご家族は何人ですか。/
   何人家族ですか。 가족(분)은 몇 명이세요?

B: 母と父と私、３人家族です。
어머니와 아버지, 저, 3명입니다.

2 **A:** ご家族は何人ですか。／
何人家族ですか。
B: 父と母と弟と私、４人家族です。
아버지와 어머니, 남동생과 저, 4명입니다.

3 **A:** ご家族は何人ですか。／
何人家族ですか。
B: 祖父と祖母と父と母と兄と私、６人家族です。
할아버지, 할머니, 아버지, 어머니, 형과 저, 6명입니다.

4 **A:** ご家族は何人ですか。／
何人家族ですか。
B: 両親と姉と妹と私、５人家族です。
부모님과 누나 여동생, 저, 5명입니다.

Ⅱ

1 **A:** 金さんはだれに似ていますか。
김 씨는 누구를 닮았습니까?
B: 父に似ています。 아버지를 닮았습니다.

2 **A:** 田中さんはだれに似ていますか。
다나카 씨는 누구를 닮았습니까?
B: 兄に似ています。 형을 닮았습니다.

3 **A:** 朴さんはだれに似ていますか。
박 씨는 누구를 닮았습니까?
B: 姉に似ています。 누나를 닮았습니다.

4 **A:** 中村さんはだれに似ていますか。
나카무라 씨는 누구를 닮았습니까?
B: だれにも似ていません。
아무도 닮지 않았습니다.

Ⅲ

1 **A:** 失礼ですが、お父さんはおいくつですか。 실례합니다만, 아버지는 몇 살이세요?
B: 父は６３歳です。 아버지는 63세입니다.

2 **A:** 失礼ですが、お兄さんはおいくつですか。 실례합니다만, 형님은 몇 살이세요?
B: 兄は３４歳です。 형은 34세입니다.

3 **A:** 失礼ですが、弟さんはおいくつですか。
실례합니다만, 남동생은 몇 살이에요?
B: 弟は２７歳です。 남동생은 27세입니다.

4 **A:** 失礼ですが、妹さんはおいくつですか。
실례합니다만, 여동생은 몇 살이에요?
B: 妹は２４歳です。 여동생은 24세입니다.

EXERCISE

1 家族は何人ですか。／何人家族ですか。
2 失礼ですが、おいくつですか。
3 山田さんはだれに似ていますか。
4 私は母に似ています。
5 弟はまだ結婚していません。

LESSON 16
日本に行ったことがありますか。

LET'S TALK

Ⅰ

1 **A:** 日本のドラマを見たことがありますか。
일본 드라마를 본 적이 있습니까?
B: はい、見たことがあります。
네, 본 적이 있습니다.
いいえ、見たことがありません。
아뇨, 본 적이 없습니다.

2 **A:** 納豆を食べたことがありますか。
낫토를 먹은 적이 있습니까?
B: はい、食べたことがあります。
네, 먹은 적이 있습니다.
いいえ、食べたことがありません。
아뇨, 먹은 적이 없습니다.

3 A: 病院に入院したことがありますか。
병원에 입원한 적이 있습니까?

　B: はい、入院したことがあります。
네, 입원한 적이 있습니다.

　　いいえ、入院したことがありません。
아뇨, 입원한 적이 없습니다.

4 A: カンニングしたことがありますか。
커닝을 한 적이 있습니까?

　B: はい、カンニングしたことがあります。
네, 커닝한 적이 있습니다.

　　いいえ、カンニングしたことがありません。 아뇨, 커닝한 적이 없습니다.

5 A: 電車の中で居眠りしたことがありますか。 전철에서 졸았던 적이 있습니까?

　B: はい、居眠りしたことがあります。
네, 졸았던 적이 있습니다.

　　いいえ、居眠りしたことがありません。
아뇨, 졸았던 적이 없습니다.

II

1 A: 飛行機に乗ったことがありますか。
비행기를 탄 적이 있습니까?

　B: いいえ、飛行機に乗ったことはありませんが、船に乗ったことはあります。
아니요, 비행기를 탄 적은 없습니다만, 배를 탄 적은 있습니다.

2 A: 東京に行ったことがありますか。
도쿄에 간 적이 있습니까?

　B: いいえ、東京に行ったことはありませんが、大阪に行ったことはあります。
아니요, 도쿄에 간 일은 없습니다만, 오사카는 간 적이 있습니다.

3 A: 日本人とデートしたことがありますか。
일본인과 데이트한 적이 있습니까?

　B: いいえ、日本人とデートしたことはありませんが、インターネットでチャットしたことはあります。
아니요, 일본인과 데이트한 적은 없습니다만, 인터넷으로 채팅한 적은 있습니다.

4 A: 授業に欠席したことがありますか。
수업에 결석한 적이 있습니까?

　B: いいえ、授業に欠席したことはありませんが、遅刻したことはあります。
아니요, 수업에 결석한 적은 없습니다만, 지각한 일은 있습니다.

5 A: 焼酎を飲んだことがありますか。
소주를 마신 적이 있습니까?

　B: いいえ、焼酎を飲んだことはありませんが、ビールを飲んだことはあります。
아니요, 소주를 마신 적은 없습니다만, 맥주를 마신 적은 있습니다.

III

1 A: 旅行は楽しかったですか。
여행은 즐거웠어요?

　B: はい、楽しかったです。
네, 즐거웠어요.

2 A: 料理はおいしかったですか。
요리는 맛있었어요?

　B: はい、おいしかったです。
네, 맛있었어요.

3 A: 景色はきれいでしたか。 경치는 예뻤어요?

　B: はい、きれいでした。 네, 예뻤어요.

4 A: 店員は親切でしたか。 점원은 친절했어요?

　B: いいえ、親切じゃありませんでした。
아뇨, 친절하지 않았어요.

5 A: 交通は便利でしたか。 교통은 편리했어요?

　B: いいえ、便利じゃありませんでした。
아뇨, 편리하지 않았어요.

EXERCISE

1 日本の小説を読んだことがあります。

2 入学試験に落ちたことがあります。

3 重要な約束を忘れたことがあります。

4 一度も日本に行ったことがありません。

5 一度も欠席したことがありません。

LESSON 17
あまり詳しく聞かないでください。

LET'S TALK

I

1 行く → 行かない
2 話す → 話さない
3 吸う → 吸わない
4 見る → 見ない
5 来る → 来ない
6 する → しない

II

1 **A:** お願いがあるんですけど。 부탁이 있는데요.
  B: え、何ですか。 네, 뭔데요?
  A: 図書館ですから、ここで寝ないでください。 도서관이니까 여기서 자지 마세요.

2 **A:** お願いがあるんですけど。
  B: え、何ですか。
  A: これは秘密ですから、他の人に話さないでください。 이것은 비밀이니까 다른 사람에게 이야기하지 마세요.

3 **A:** お願いがあるんですけど。
  B: え、何ですか。
  A: きれいな公園ですから、ゴミを捨てないでください。 깨끗한 공원이니까 쓰레기를 버리지 마세요.

4 **A:** お願いがあるんですけど。
  B: え、何ですか。
  A: 寒いですから、窓を開けないでください。 추우니까 창문을 열지 마세요.

III

1 **A:** すみません。 저기요.
  B: え、何ですか。 네, 뭔데요?
  A: 食事中ですから、スマホを見ないでください。 식사중이니까 스마트폰을 보지 마세요.

2 **A:** すみません。
  B: え、何ですか。
  A: 授業中ですから、いたずらをしないでください。 수업 중이니까 장난 치지 마세요.

3 **A:** すみません。
  B: え、何ですか。
  A: 運転中ですから、お酒を飲まないでください。 운전중이니까 술을 마시지 마세요.

4 **A:** すみません。
  B: え、何ですか。
  A: 会議中ですから、雑談をしないでください。 회의 중이니까 잡담을 하지 마세요.

5 **A:** すみません。
  B: え、何ですか。
  A: 仕事中ですから、ショッピングをしないでください。 업무 중이니까 쇼핑을 하지 마세요.

EXERCISE

1 うそをつかないでください。
2 ここで写真を撮らないでください。
3 ここに車を止めないでください。
4 授業に遅れないでください。
5 あまり無理しないでください。

LESSON 18
会社を辞めないほうがいいですよ。

LET'S TALK

I

1 A: 留学に行ったほうがいいですか。行かないほうがいいですか。
유학가는 편이 좋아요? 가지 않는 편이 좋아요?

B: そうですね。私は留学に行ったほうがいいと思います。
글쎄요. 저는 유학가는 편이 좋다고 생각해요.

そうですね。私は留学に行かないほうがいいと思います。
글쎄요. 저는 유학가지 않는 편이 좋다고 생각해요.

2 A: お酒を飲んだほうがいいですか。飲まないほうがいいですか。
술을 마시는 편이 좋아요? 마시지 않는 편이 좋아요?

B: そうですね。私はお酒を飲んだほうがいいと思います。
글쎄요. 저는 술을 마시는 편이 좋다고 생각해요.

そうですね。私はお酒を飲まないほうがいいと思います。
글쎄요. 저는 술을 마시지 않는 편이 좋다고 생각해요.

3 A: 就職したほうがいいですか。しないほうがいいですか。
취직하는 편이 좋아요? 하지 않는 편이 좋아요?

B: そうですね。私は就職したほうがいいと思います。
글쎄요. 저는 취직하는 편이 좋다고 생각해요.

そうですね。私は就職しないほうがいいと思います。
글쎄요. 저는 취직하지 않는 편이 좋다고 생각해요.

4 A: かさを持っていったほうがいいですか。持っていかないほうがいいですか。
우산을 가져가는 편이 좋아요? 가져가지 않는 편이 좋아요?

B: そうですね。私は持っていったほうがいいと思います。
글쎄요. 저는 가져가는 편이 좋다고 생각해요.

そうですね。私は持っていかないほうがいいと思います。
글쎄요. 저는 가져가지 않는 편이 좋다고 생각해요.

5 A: タクシーに乗ったほうがいいですか。乗らないほうがいいですか。
택시를 타는 편이 좋아요? 타지 않는 편이 좋아요?

B: そうですね。私はタクシーに乗ったほうがいいと思います。
글쎄요. 저는 택시를 타는 편이 좋다고 생각해요.

そうですね。私はタクシーに乗らないほうがいいと思います。
글쎄요. 저는 택시를 타지 않는 편이 좋다고 생각해요.

II

1 A: 熱がありますけど。
열이 있는데요.

B: そうですか。今日は運動を休んだほうがいいですよ。
그래요? 오늘은 운동을 쉬는 게 좋겠어요.

2 A: 恋人とけんかしたんですけど。
애인과 다퉜는데요.

B: そうですか。仲直りしたほうがいいですよ。
그래요? 화해하는 편이 좋겠어요.

3 A: 友達が入院したんですけど。
친구가 입원했어요.

B: そうですか。早くお見舞いに行ったほうがいいですよ。
그래요? 빨리 문병가는 편이 좋겠어요.

4 A: 疲れて何もしたくないんですけど。
피곤해서 아무것도 하고 싶지 않은데요.

B: そうですか。あまり無理しないほうがいいですよ。
그래요? 너무 무리하지 않는 편이 좋겠어요.

III

1 A: どうしたんですか。
왜 그래요?

B: 会議に遅れちゃったんです。
회의에 늦고 말았어요.

2 A: どうしたんですか。

B: 財布を忘れちゃったんです。
지갑을 잃어버렸어요.

3 **A:** どうしたんですか。
  B: 試験に落ちちゃったんです。
  시험에 떨어지고 말았어요.

4 **A:** どうしたんですか。
  B: 赤字になっちゃったんです。
  적자가 돼버렸어요.

EXERCISE

1 薬を飲んでゆっくり休んだほうがいいです。

2 運転免許を取ったほうがいいです。

3 無理なダイエットはしないほうがいいです。

4 あまり期待しないほうがいいです。

5 重要な約束を忘れちゃいました[忘れてしまいました]。

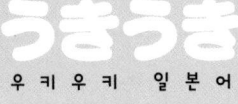